ALLIANCE DES MAISONS D'ÉDUCATION CHRÉTIENNE

DESCARTES

LES PRINCIPES
DE LA PHILOSOPHIE

LIVRE PREMIER

ÉDITION CLASSIQUE COLLATIONNÉE SUR L'ÉDITION DE M. COUSIN
ACCOMPAGNÉE DE NOTES HISTORIQUES ET PHILOSOPHIQUES

PRÉCÉDÉE D'UNE ANALYSE DU LIVRE PREMIER ET D'UNE INTRODUCTION
RENFERMANT UN EXPOSÉ CRITIQUE DE LA DOCTRINE DE DESCARTES

PAR M. L'ABBÉ DRIOUX
Vicaire général de Langres, docteur en théologie,
ancien professeur d'histoire et de philosophie, directeur de l'*Enseignement chrétien*.

PARIS
LIBRAIRIE POUSSIELGUE FRÈRES
RUE CASSETTE, 15
1885

PHILOSOPHIE

Histoire de la philosophie, conforme au programme, par le R P. REGNAULT. In 8°. . . . . . . 2 »

Philosophie (Cours de), conforme au programme, par le R. P. REGNAULT. In-8°. . . . . 5 »

Philosophie (Cours de), édition conforme au programme du baccalauréat ès sciences, par le R. P. REGNAULT. In-8°. 1 75

Philosophie (Eléments de), par de PERRETI. In-12. . . . . . 2 »

Précis de l'histoire de la philosophie, conforme au programme, par M. l'abbé P. JARRIS. Grand in-18 . . . . 2 »

Législation usuelle (Cours de), par M. Fernand PAULMIER. Grand in-18. . . . . 2 75

AUTEURS FRANÇAIS

Bossuet — De la connaissance de Dieu et de soi-même Métaphysique ou Traité des causes, par M l'abbé J. MARTIN Gr. in-18. . 2 »

Condillac — Traité des sensations (livre I), par un professeur de philosophie (*Sous presse*)

Descartes. — Discours de la Méthode, pour bien conduire sa raison et chercher la vérité dans les sciences, avec une étude sur la philosophie de Descartes et des notes, par M l'abbé J MARTIN Gr in 18 . . 1 »

Descartes — Première méditation, avec une notice biographique, une étude sur la philosophie de Descartes et sur les six Méditations, par M. l'abbé J. MARTIN Gr in 18 . » 60

Fénelon — Traité de l'existence de Dieu et de ses attributs, avec une notice et une étude sur la philosophie de Fénelon, par M. l'abbé J. MARTIN Grand in 18. . . . 1 80

Leibniz. — La Monadologie, précédée d'une notice biographique sur Leibniz, sur ses travaux, ses ouvrages, et d'une importante étude sur sa doctrine, par M l'abbé J. MARTIN Gr. in-18 . . . . 1 25

Leibniz — Nouveaux essais sur l'entendement humain, avant-propos et livre I (*En préparation*)

Malebranche. — De la Recherche de la vérité (livre II). (De l'imagination), première partie, chap. I et V, deuxième et troisième parties en entier, par le R P LARGENT, prêtre de l'Oratoire (*Sous presse*)

Pascal — De l'Autorité en matière de philosophie, — De l'esprit géométrique; — Entretien avec M. de Sacy (*En préparation*)

AUTEURS LATINS

Cicéron. — De Natura deorum (livre II). (*En préparation*)

Cicéron — De Officiis (livre I) (*En préparation*)

Cicéron — De Legibus (livre I), par un professeur de philosophie. Grand in-18 . . . . » 75

Cicéron — Des Lois Traduction française, par un professeur de philosophie, Grand in-18 . . . » 75

Lucrèce. — De Natura rerum (livre V) (*En préparation.*)

Sénèque. — Lettres à Lucilius Les seize premières, par M. l'abbé X., licencié ès lettres (*Sous presse*)

Sénèque. — De Vita beata, par un professeur de philosophie Grand in-18. . . . . » 75

Sénèque. — De la Vie heureuse. Traduction française. Gr. in-18. » 75

AUTEURS GRECS

Aristote — La Morale à Nicomaque (livre VIII), par M. l'abbé J MARTIN Grand in-18 . . . . . 1 »

Aristote. — Ethique à Nicomaque (livre X). (*En préparation*)

Aristote — Ethique à Nicomaque (livre X). Trad (*En préparation*)

Epictète (Manuel d') Texte grec (*En préparation*)

Epictète (Manuel d'). Nouvelle trad avec une étude sur le stoïcisme et des notes, par M l'abbé A JULIEN Grand in-18, ... 1 »

Platon. — Apologie de Socrate, revu et annoté par M l'abbé MAUNOURY. Grand in-18. . . . . » 60

Platon — La République (livre VI), par M l'abbé ARNAUD. (*En prép.*)

Platon — La République (livre VI). Traduction mot à mot et traduction française correcte. (*En préparation*)

Platon — La République (liv. VIII), par M l'ab J. MARTIN Gr in-18. 1 40

Xénophon. — Entretiens mémorables de Socrate (livre I) par M l'abbé QUENTIER Gr in 18. » 60

16477. — Tours, impr. Mame.

DESCARTES

LES

PRINCIPES DE LA PHILOSOPHIE

LIVRE PREMIER

ALLIANCE DES MAISONS D'ÉDUCATION CHRÉTIENNE

DESCARTES

LES PRINCIPES DE LA PHILOSOPHIE

LIVRE PREMIER

ÉDITION CLASSIQUE COLLATIONNÉE SUR L'ÉDITION DE M. COUSIN

ACCOMPAGNÉE DE NOTES HISTORIQUES ET PHILOSOPHIQUES

PRÉCÉDÉE D'UNE ANALYSE DU LIVRE PREMIER ET D'UNE INTRODUCTION

RENFERMANT UN EXPOSÉ CRITIQUE DE LA DOCTRINE DE DESCARTES

PAR M. L'ABBÉ DRIOUX

Vicaire général de Langres, docteur en théologie,
ancien professeur d'histoire et de philosophie, directeur de l'*Enseignement chrétien*.

PARIS

LIBRAIRIE POUSSIELGUE FRÈRES

RUE CASSETTE, 15

1885

AVERTISSEMENT

SUR CETTE ÉDITION

Après avoir répondu aux objections nombreuses que soulevèrent le *Discours de la Méthode* et ses *Méditations,* Descartes crut qu'il était bon, dans l'intérêt de sa doctrine, de la résumer, et d'en donner une sorte de précis net et substantiel qui la rendît d'un accès plus facile.

C'est dans ce but qu'il composa les *Principes de sa philosophie,* dont le premier livre est inscrit parmi les auteurs philosophiques du nouveau programme.

Ce premier livre est consacré à la métaphysique, c'est-à-dire aux principales questions que nous comprenons aujourd'hui dans nos cours de philosophie.

Comme son nom l'indique, cet ouvrage présente sous une forme très courte et très substantielle les bases fondamentales de la doctrine cartésienne.

Il suppose que l'on connaît le *Discours de la Méthode* et les *Méditations.*

C'est pour ce motif que nous avons cru nécessaire de faire précéder notre édition d'une introduction assez étendue, dans laquelle nous avons exposé toute la doctrine de Descartes, et nous nous sommes attachés tout spécialement à montrer l'enchaînement de ses idées et la valeur de ses déductions.

Nous avons ensuite exprimé notre sentiment sur ses opinions particulières, qui sont pour la plupart abandonnées.

Si l'on ne regardait qu'au caractère de l'ouvrage, il paraîtrait assurément beaucoup mieux à sa place dans le programme de la licence que dans celui du baccalauréat.

Ce n'est pas un livre que l'on puisse lire rapidement. Chaque chapitre renferme un aphorisme spécial qui demande à être longuement approfondi et médité pour être bien saisi.

Nous avons eu soin, pour faciliter à l'élève cette tâche ardue, d'accompagner le texte de notes nombreuses, qui lui fourniront tous les renseignements historiques et tous les éclaircissements philosophiques nécessaires non seulement pour comprendre exactement la pensée de l'auteur, parfois obscure et souvent paradoxale, mais pour lui suggérer ce qu'il doit penser de ces sentiments nouveaux qui ont excité tant de controverses au XVIIe siècle.

Descartes est le chef d'une école qui occupe une grande place dans la philosophie moderne. Toutes ses opinions ont été l'objet des discussions les plus vives et les plus savantes, et ce livre, tout petit qu'il est, touche à toutes les questions les plus fondamentales de la philosophie.

Nous espérons qu'on nous saura gré des efforts que nous avons faits pour en expliquer tous les moindres détails.

Ceux qui voudront bien nous suivre et profiter de tous les secours que nous avons cherché à mettre à leur disposition, se rendront maîtres, en approfondissant cet ouvrage, du système de Descartes, et n'éprouveront aucune difficulté pour traiter les nombreux sujets de dissertation que l'on peut emprunter à sa doctrine ou à son histoire.

INTRODUCTION

René Descartes naquit à la Haye en Touraine, le 31 mars 1596, et mourut à Stockholm, le 11 février 1650. Il fit ses études au collège des jésuites, à la Flèche. Il avait été enchanté de ses maîtres; mais, à la fin de ses études, il fut mécontent du résultat de ses efforts. Il attribua l'imperfection de ses succès aux méthodes qu'il avait suivies et chercha le moyen de donner à l'esprit une direction meilleure que celle qui était généralemen adoptée dans les écoles.

Avant de rien publier il crut qu'il lui serait utile de voyager, pour se rendre compte de ce qu'étaient les hommes, et chercher la forme sous laquelle il devrait présenter ses idées pour se susciter le moins d'ennuis et le moins de difficultés possible. Il servit donc comme volontaire dans les troupes de la Hollande et de la Bavière, et il visita successivement l'Allemagne du Nord, la France, l'Italie, la Suisse, le Tyrol, Venise et Rome, et il se retira ensuite en Hollande, à Amsterdam, où il continua ses spéculations philosophiques, qui ne l'avaient pas quitté un seul instant au milieu des camps (1629).

Il se mit à étudier la métaphysique, les mathématiques, la chimie, l'anatomie et l'astronomie. Il composa en 1633 un *Traité du système du monde*, mais il le supprima à la nouvelle de l'emprisonnement de Galilée.

Les *Essais de philosophie*, qui parurent le 8 juin 1637, furent le premier ouvrage qu'il publia. Ils comprenaient quatre traités : Le *Discours de la Méthode*, et trois Traités sur *la Dioptrique, les Météores* et *la Géométrie*. Ces derniers étaient une application de sa méthode aux mathématiques et à la physique.

Descartes fut tout à la fois un géomètre de génie, un physicien du premier ordre et un philosophe qui fit école. Nous n'avons pas à nous occuper ici du physicien et du géomètre, ou du moins nous n'avons à tenir compte de ces sciences que dans leurs rapports avec la philosophie, ou, pour nous servir de l'expression de Descartes, avec la métaphysique proprement dite.

C'était aussi, à tort ou à raison, la partie de ses œuvres à laquelle il attachait le plus d'importance. Il en avait résumé tous les principes dans son *Discours de la Méthode;* mais l'opposition qu'il rencontra l'obligea de donner à ses pensées plus de développement. Il le fit en 1641, dans ses *Méditations*, qu'il dédia à la Sorbonne. De nombreuses objections lui furent faites par un savant théologien des Pays-Bas, M. Catérus; le P. Mersenne, son ami intime; Hobbes, Arnauld, Gassendi et divers théologiens et philosophes. Il y répondit, et les objections et les réponses, publiées d'abord en latin par Descartes lui-même, à Paris, 1641, et à Amsterdam, 1642, furent ensuite traduites en français par M. Clerselier, son élève et son ami.

Ces discussions savantes furent loin de mettre un terme aux débats. Descartes se plaignit de n'être pas bien compris de ses contradicteurs, et ce fut pour mettre dans un jour plus éclatant sa doctrine que l'on trouvait si nouvelle, qu'il écrivit son livre des *Principes.*

Nous n'avons à étudier ici que la première partie, qui est consacrée à la métaphysique, c'est-à-dire aux grandes questions philosophiques soulevées par le *Discours de la Méthode*, et développées dans les *Méditations.*

Ce livre, publié après ce dernier ouvrage, en suppose la connaissance et, pour le bien comprendre, il est nécessaire de connaître assez à fond la doctrine de Descartes. Nous allons donc exposer cette doctrine, et nous nous efforcerons ensuite de l'apprécier.

I. — Exposition de la doctrine de Descartes.

1. Doute et certitude. — 2. Criterium, l'évidence. — 3. Unité de la science, unité de méthode, méthode rationnelle pure. — 4. Règles pour la direction de l'esprit. — 5. De l'âme et de son essence. — 6. De ses facultés, de l'entendement et des idées innées. — 7. De la volonté et de sa puissance. De l'origine de l'erreur et du mal. — 8. Démonstration de l'existence de Dieu. — 9. Des attributs divins, de la véracité de Dieu. — 10. De l'existence des corps. — 11. De l'essence de la matière. — 12. Cosmologie de Descartes. — 13. De l'automatisme des animaux. — 14. Des lois du monde et des axiomes. — 15. De la volonté de Dieu. — 16. Négation des causes finales. — 17. Distinction de l'âme et du corps. — 18. Des causes occasionnelles. — 19. Résumé.

1. Descartes prétend que « pour atteindre à la vérité, il faut, une fois dans sa vie, se défaire de toutes les opinions que l'on a reçues, et reconstruire de nouveau et dès le fondement tout

le système de ses connaissances ». C'est à la fleur de l'âge, dans toute la force de la raison, que l'on doit tenter cette entreprise périlleuse et ardue. La tâche devant être nécessairement assez longue, il faut que, pendant le temps de l'exécution, on admette certains principes d'après lesquels on devra se conduire. Pour ne pas être au milieu de ce naufrage universel sans guide ni boussole, on aura soin de retenir quelques maximes essentielles de religion et de morale dont on fera usage pour vivre sans ennui, sans difficulté, au milieu de ses semblables. Mais cette réserve faite, on doit rejeter toutes les notions que l'on possède, et les regarder sinon comme absolument fausses, du moins comme douteuses. Nous devons considérer comme des préjugés de naissance et d'éducation toutes les connaissances qui nous sont venues des autres hommes par la conversation, l'enseignement ou les livres, de quelque manière que ce soit. Nous ne devons pas croire au témoignage des sens, attendu qu'ils nous trompent souvent et qu'ils ne peuvent nous manifester que des apparences plutôt que des réalités. La raison elle-même doit nous être suspecte, parce que nous ne savons pas si nous ne sommes point les jouets d'un principe méchant qui nous aurait donné une intelligence faussée, et qui se ferait un jeu de nous tromper par des illusions continuelles. Que savons-nous d'ailleurs de notre vie? Pendant le sommeil nous sommes dupes de nos rêves. Nous croyons voir et entendre ce que nous ne voyons pas, ce que nous n'entendons pas. Ne serait-il pas possible que l'état présent, que nous appelons l'état de veille, ne fût qu'un second sommeil où nous nous trouverions abusés de la même manière, sans nous en douter?

Mais tout en doutant de nos sentiments, de nos idées et de nos actions, tout en doutant de nos propres facultés et de nous-mêmes, il y a une chose dont nous ne pouvons douter, c'est de l'existence de notre pensée. Douter c'est penser, et douterions-nous de notre doute, ce serait encore une pensée. Nous pouvons donc affirmer, sans aucune crainte de nous tromper, l'existence de notre pensée, et dire: *Je pense: cogito.* Pour penser il faut être; par conséquent, après avoir affirmé ma pensée, je puis donc affirmer mon existence, et dire avec la même certitude : *Je suis : sum.* Voilà donc la certitude qui naît du doute. J'ai rejeté toutes les connaissances que j'avais dans l'esprit. J'ai porté le doute aussi loin qu'il m'a été possible; mais au milieu de ces ruines, sous cet amas de décombres, j'ai trouvé la pierre angulaire qui va être la base de tout mon édifice, ma pensée et mon existence : *Cogito, ergo sum.*

2. Mais d'où vient que j'ai pu passer de l'affirmation de ma pensée à celle de mon existence et dire avec certitude: Je pense, donc je suis? J'ai pu passer de la première idée à la seconde, parce qu'elle la renferme et que j'ai vu clairement que cette dernière était contenue dans la première. L'existence n'implique pas la pensée, mais la pensée implique l'existence. On ne peut penser sans être, d'où je puis conclure que toutes les fois que je verrai fort clairement et fort distinctement qu'une chose est contenue dans une autre, je n'hésiterai pas à l'affirmer, parce que je serai sûr qu'elle est vraie.

C'est là le principe logique de Descartes, son seul criterium. Il a rejeté les sens, il a rejeté l'autorité des hommes en général, il ne croit pas au témoignage du vulgaire, il a encore moins de confiance dans les savants qu'il suppose égarés par la science elle-même qu'ils ont mal comprise; il ne lui reste plus d'autre lumière que celle de la raison, et de la raison abstraite. Cette faculté n'a pas d'autre moyen d'action que l'intuition et la déduction.

L'intuition lui découvre les principes, et la déduction les féconde. L'intuition n'est mue que par l'évidence, qui lui fait voir la valeur logique des axiomes et la déduction féconde ces vérités générales, en en tirant des vérités particulières; mais elle n'est légitime qu'autant que ses conséquences sont rigoureusement déduites, et c'est encore la lumière irrésistible de l'évidence qui doit nous le faire voir.

C'est ce que reconnaît Descartes: « Il n'y a, dit-il, que deux voies ouvertes à l'homme pour arriver à une connaissance entière de la vérité: l'intuition évidente et la déduction nécessaire. » (*Règles pour la direction de l'esprit, Règle* XIIe, t. XI, p. 278.)

3. Il ne distingue pas, comme nous le faisons, trois sortes de sciences: les sciences expérimentales, les sciences rationnelles et les sciences morales. Il croit, au contraire, que c'est une erreur de distinguer ainsi les sciences d'après les objets dont elles s'occupent, et de vouloir les étudier à part et indépendamment l'une de l'autre.

A ses yeux, comme les sciences ne sont rien autre chose que « l'intelligence humaine, qui est encore et toujours la même, quelle que soit la variété des objets auxquels elle s'applique, sans que cette variété apporte à sa nature plus de changements que la diversité des objets n'en apporte à la nature du soleil », on doit les traiter toutes d'après les mêmes règles et les étudier d'après la même méthode.

On ne peut douter que Descartes n'ait connu les travaux de Bacon et les efforts qu'avait faits le philosophe anglais pour substituer l'induction au syllogisme, l'expérience au raisonnement; mais il avait été en même temps frappé des résultats matérialistes auxquels avait abouti la nouvelle école.

Il ne méconnaissait pas l'importance de l'expérience et il voyait bien le parti qu'on en pouvait tirer. « Au lieu de cette philosophie spéculative qu'on enseigne dans les écoles, on en peut trouver une pratique par laquelle, connaissant la force et les actions du feu, de l'eau, de l'air, des astres, des cieux et de tous les autres corps qui nous environnent, aussi distinctement que nous connaissons les divers métiers de nos artisans, nous les pourrions employer en même façon à tous les usages auxquels ils sont propres, et ainsi nous rendre maîtres et possesseurs de la nature. » (*Discours de la Méthode*, VIe partie, p. 192, édit. Cousin.)

Mais pour Descartes le fait n'est rien, il n'a aucune valeur scientifique par lui-même. Dans l'hypothèse où nous nous trouvons, on ne peut pas même affirmer sa réalité, puisque nous n'avons pas encore reconnu que nous pouvons faire usage des sens. Après l'avoir reconnu, le fait ne devra encore servir qu'à remonter à l'idée générale, comme on le fait en allant des effets aux causes. Il pourra nous guider dans l'usage de l'intuition, en déterminant celle des déductions hypothétiques que nous devons préférer pour rattacher les phénomènes que nous avons constatés aux lois universelles et indiquer la marche que la nature a adoptée.

L'induction ne sert ainsi qu'à remonter aux idées simples qui servent de point de départ à la déduction, et les sciences expérimentales ne méritent, d'après Descartes, le nom de sciences qu'autant qu'elles se rattachent aux sciences rationnelles qui les universalisent. La physique se ramène à la mécanique et la mécanique aux mathématiques qui régissent tout l'ensemble. *Omnia, apud me,* disait Descartes, *mathematicè fiunt.*

4. Cette méthode purement rationnelle ne se borne pas, entre les mains de Descartes, à faire usage du syllogisme conformément aux règles d'Aristote. Il rejette au contraire la syllogistique comme un instrument qu'il a le tort de croire inutile, et il lui substitue des règles nouvelles dont il attend la régénération de la science.

A la première règle fondamentale, qui est de ne recevoir jamais aucune chose comme vraie qu'il ne la connaisse évidemment être telle, il en ajoute trois autres qui se rapportent : la deuxième à l'analyse, la troisième à la synthèse, et la quatrième au résultat définitif de cette double opération.

L'esprit à la recherche de la vérité n'ayant que deux moyens de la connaître, l'intuition et la déduction, il faut qu'en tout il recherche la lumière de l'évidence, et pour y arriver il est nécessaire que, dans toutes les questions, il divise chacune des difficultés qu'elles présentent comme en autant de parcelles, et qu'il les examine successivement en allant du composé au simple, du relatif à l'absolu, du dépendant à l'indépendant, du dérivé au primitif.

C'est l'application de la seconde règle qui, au moyen de l'analyse ou de la décomposition, ramène, dit Descartes, graduellement les propositions embarrassées et obscures à d'autres plus simples.

Une fois en possession de ces éléments simples, l'esprit doit, par une série de déductions parfaitement enchaînées et rattachées rigoureusement aux principes, descendre du simple au composé. C'est la reconstruction de l'objet après sa décomposition, la synthèse après l'analyse.

C'est ce qu'indique la troisième règle. « Conduire par ordre nos pensées en commençant par les objets les plus simples et les plus aisés à connaître, pour monter peu à peu, comme par degrés, jusques à la connaissance des plus composés, et supposant même de l'ordre entre ceux qui ne se précèdent point naturellement les uns les autres. »

Ces suppositions sont les hypothèses que l'on est obligé de faire *à priori* pour arriver à la découverte des causes que l'on recherche, et qu'on ne rencontre souvent qu'après une foule de tâtonnements que l'on a dû essayer.

Pour que l'analyse soit exacte, il faut qu'elle embrasse toutes les parties de l'objet, et par conséquent qu'elle n'omette aucune des suppositions que l'on peut faire. C'est ce que Descartes appelle faire *des dénombrements entiers*.

De même pour la synthèse; si l'on veut arriver à une vue d'ensemble qui soit vraie, il est nécessaire de faire une revue complète de toutes les parties que l'on a étudiées, sans en omettre aucune.

C'est ce que les logiciens expriment en disant: que la synthèse doit être pure et l'analyse entière, et c'est ce que renferme la quatrième règle de Descartes qui veut « que nous fassions partout des dénombrements entiers et des revues générales, de telle sorte que nous soyons assurés de n'avoir rien omis ». (*Discours de la Méthode*, IIe partie, p. 142.)

Elle est ainsi le complément des deux précédentes.

5. La pensée qui sert de base à l'édifice cartésien est l'âme elle-même, *le moi*. « Par le nom de *pensée*, dit Descartes, je comprends tout ce qui est tellement en nous, que nous l'apercevons immédiatement par nous-mêmes, et en avons une connaissance intérieure : ainsi toutes les opérations de la volonté, de l'entendement, de l'imagination et des sens sont des pensées. (*Rép. aux* 2 *object.*, p. 45, et *Principes*, I, 9.)

L'être pensant est un sujet qui existe réellement et qui n'a pas besoin d'être reçu dans un autre pour exister. Ce n'est pas par conséquent un accident, mais une substance, *res*. C'est une substance absolument indépendante des corps. Car je pourrais feindre que je n'ai pas de corps, que je n'existe en aucun lieu, en aucun monde; mais, du moment que je doute, je ne puis feindre que je n'existe pas. Comme on ne peut douter sans penser, il s'ensuit que la pensée est de l'essence de la substance qui doute ou qui pense. La nature ou l'essence de mon âme est donc la pensée, et je puis la définir : une chose qui pense, *res cogitans*. (*Discours de la Méthode*, IVe part., p. 158.)

Mais il est à remarquer que l'âme dont Descartes constate l'existence d'après le doute lui-même, est complètement séparée du monde sensible, et qu'elle en est absolument indépendante. La nature matérielle qui s'ouvre devant nous et qui forme le domaine de la sensibilité n'existe pas pour elle.

6. Aussi ne distingue-t-il dans l'âme que deux facultés : l'entendement et la volonté. La sensibilité n'est pas pour lui une des grandes facultés; il n'en fait qu'une faculté secondaire qu'il relègue au second plan parmi les auxiliaires de l'entendement.

L'entendement ou la faculté de connaître est, d'après Descartes, plutôt passif qu'actif. Il n'a sous ses ordres pour l'aider dans ses opérations que l'imagination, les sens et la mémoire. Ces facultés considérées en elles-mêmes sont très défectueuses et trahissent la vérité plus souvent qu'elles ne la manifestent, mais nous devons nous en servir « pour avoir une intuition distincte des propositions simples, pour comparer convenablement ce qu'on cherche avec ce qu'on connaît, et pour trouver les choses qui doivent être ainsi comparées entre elles. » (*Règles pour la direction de l'esprit, Règles* XIIe, t. XI, p. 261.)

L'entendement subit des modifications diverses suivant l'impression que produit sur lui la perception des objets. Ce sont ces modifications que Descartes appelle *idées*.

Il en distingue trois sortes : les idées *adventices*, les idées *factices* et les idées *innées*.

Les idées *adventices* sont celles qui nous viennent du dehors, du monde extérieur, par l'intermédiaire des sens. Ces idées se produisent à l'occasion du mouvement transmis au cerveau par les objets matériels; « mais elles ne ressemblent pas plus aux mouvements qui les produisent, que la sensation d'une piqûre ne ressemble à une épingle ou celle du chatouillement à une plume qui vous chatouille. »

Les idées *factices* sont celles que nous formons en unissant les unes aux autres les idées adventices que nous possédons. Ainsi l'hippogriffe, le centaure sont des êtres qui n'existent pas, et que nous formons en alliant ensemble des êtres existants. Les idées factices sont des combinaisons dues à l'activité de notre imagination et à sa puissance créatrice. Descartes les attribue à la volonté, parce qu'il la considère comme la seule faculté active.

Les idées *innées*, ainsi appelées parce qu'elles naissent avec nous, ont été l'objet de bien des discussions. Si l'on entendait par là les idées que nous apportons en naissant, ce serait absurde, car nous ne naissons pas avec des idées, nous ne venons au monde qu'avec des facultés, c'est-à-dire avec les aptitudes nécessaires pour les produire.

Mais ce n'est pas de la sorte qu'il faut entendre les idées *innées* ou *naturelles* de Descartes. Il appelle ainsi des idées qui ne viennent ni des sens, comme les idées adventices, ni de la volonté ou de l'imagination, comme les idées factices, mais qui sont propres à l'entendement et qui s'en dégagent lorsqu'il est soumis aux excitateurs qui doivent les en faire jaillir.

« Lorsque je dis, répond-il à Hobbes, que quelque idée est née avec nous, ou qu'elle est naturellement empreinte dans nos âmes, je n'entends pas qu'elle se présente toujours à notre pensée, car ainsi il n'y en aurait aucune; mais j'entends seulement que nous avons en nous-mêmes la faculté de la produire. (*Réponse à la dixième objection de Hobbes*, t. I, p. 492.)

Ainsi les idées innées sont dans l'âme à l'état latent, et nous ne venons au monde qu'avec la faculté de les tirer de nous-mêmes, et de les faire passer de la puissance à l'acte dans des circonstances données. « Ces idées, écrit-il à Régius, ne sont pas représentées dans quelque partie de notre esprit comme un grand nombre de vers dans un manuscrit de Virgile, mais elles y sont en puissance comme les figures dans la cire. » Et ailleurs : « Je ne me persuade pas que l'esprit d'un petit enfant médite dans le ventre de sa mère sur les choses métaphysiques... Il a les idées de Dieu, de lui-même, et de toutes ces vérités qui de soi sont connues, comme les personnes adultes les ont lorsqu'elles n'y pensent point. »

Ces idées jouent un grand rôle dans le système de Descartes. Elles comprennent l'idée que nous avons de Dieu, que nous avons de nous-mêmes, et de toutes les vérités évidentes par elles-mêmes, par conséquent de tous les principes primitifs, de tous les axiomes qui servent de point d'appui aux connaissances humaines.

Il veut qu'il soit bien reconnu qu'elles ne nous viennent pas des sens et du monde extérieur où tout est changeant et trompeur, ni qu'elles ne sont pas notre œuvre, mais qu'elles font partie de l'essence de notre nature, et qu'elles sont à ce titre impersonnelles, universelles, de tous les temps et de tous les lieux.

L'entendement, qui en est le dépositaire et qui les produit, est infaillible, d'après Descartes, en ce sens qu'il émet seulement l'idée qui est en elle-même nécessairement et toujours vraie, mais il ne juge pas. C'est à la volonté seule qu'il appartient de juger.

7. Dans la psychologie de Descartes, il n'y a que deux facultés : l'entendement et la volonté.

L'entendement est passif et la volonté active.

L'entendement reçoit du dehors les idées adventices et produit les idées naturelles ou innées. C'est à la volonté à combiner les idées, et à prononcer sur leurs rapports.

L'évidence ne nous trompe jamais; si nous avions la sagesse de ne pas aller au delà des lumières de l'entendement, nous ne ferions jamais d'erreur; mais la volonté a la puissance d'aller plus loin.

L'entendement ne limite pas son domaine. En vertu de sa liberté, elle peut dépasser les limites de la vision intellectuelle, et prononcer une affirmation sans y être autorisée par la lumière qui l'éclaire. C'est ainsi que nous affirmons ce que nous ne savons pas, ce que nous ne connaissons qu'obscurément, et parfois même nous allons contre la lumière que nous avons reçue en nous mentant à nous-mêmes et en mentant aux autres.

Si l'erreur vient de la volonté, c'est aussi de cette même faculté que vient le mal moral. Nous sommes libres, et c'est notre liberté qui fait notre grandeur, parce que c'est elle qui fait notre personnalité.

Mais cette puissance, toute noble qu'elle est, a ses imperfections, qui résultent surtout de l'imperfection de notre entendement, dont la vue est limitée et qui, en beaucoup de circonstances, ne nous présente les choses que sous un jour imparfait qui laisse une grande place à l'incertitude et à la discussion. C'est alors que nous délibérons, et qu'après la délibération la volonté, en raison de son énergie propre, peut se porter vers le mal et y donner son assentiment.

La volonté, par suite de l'imperfection de l'entendement, devient ainsi tout à la fois la cause de l'erreur et la cause du mal. Elle est au même titre la cause de la vérité et du bien qui est en nous. Elle est ainsi la faculté maîtresse de l'homme, et Descartes va jusqu'à en faire une sorte de puissance infinie et divine. « Si j'examine, dit-il, la mémoire ou l'imagination, ou quelque autre faculté qui soit en moi, je n'en trouve aucune qui ne soit très petite et bornée, et qui en Dieu ne soit immense et infinie. Il n'y a que la volonté seule ou la seule liberté du franc arbitre que j'expérimente en moi être si grande, que je ne conçois point l'idée d'aucune autre plus ample et plus étendue : en sorte que c'est elle principalement qui me fait connaître que je porte l'image et la ressemblance de Dieu. » (*IVe Méditation*, édit. Cousin, p. 300.)

8. Descartes met au nombre des idées *innées* ou *naturelles* que nous avons en nous l'idée que nous avons de Dieu et l'idée que nous avons de nous-mêmes.

Or l'idée que nous avons de Dieu est celle d'un être infini et qui possède comme tel toutes les perfections. L'existence étant une perfection, l'être auquel cette idée se rapporte existe donc réellement. Son existence est impliquée dans l'idée que nous en avons, aussi nécessairement que les propriétés du cercle et du triangle sont impliquées dans la nature du cercle et du triangle. L'idée de Dieu ne va donc pas sans celle de son existence, et il y aurait répugnance à admettre l'une sans l'autre.

On arrive à la même conclusion, c'est-à-dire à l'existence de Dieu, d'après l'idée que nous avons de nous-mêmes.

Je suis, mais je ne suis qu'un être imparfait. Je doute, je me trompe, et je manque d'une infinité de choses. J'ai néanmoins l'idée d'une substance infinie, éternelle, immuable, toute-puissante, toute-connaissante. D'où me vient cette idée? Elle ne me vient pas des sens, ni des choses finies qui m'entourent, puisqu'elle leur est infiniment supérieure. Elle n'est pas non plus une pure production ou fiction de mon esprit, car il n'est pas en mon pouvoir d'en retrancher ou d'y ajouter aucune chose; et par conséquent il ne reste plus autre chose à dire, sinon que cette idée est née et produite avec moi dès lors que j'ai été créé, ainsi que l'est l'idée de moi-même. Elle a été mise en moi par Dieu lui-même, comme la marque de l'ouvrier empreinte sur son ouvrage.

Je suis un être imparfait et j'ai l'idée de Dieu, c'est-à-dire d'un être souverainement parfait. Je ne suis donc pas l'auteur de mon être, car je me serais donné toutes les perfections dont j'ai l'idée, en me donnant la substance qui est de toutes les perfections la plus difficile à acquérir. Je serais d'ailleurs maître de mon existence, et je ne serais pas, comme je le suis, dépendant de tout ce qui m'environne. Supposer que j'ai pour cause un être dépendant et imparfait comme moi, ce n'est rien expliquer. Car il faut alors se demander quel a été l'auteur de cette cause, et je suis forcé de remonter à une cause première et nécessaire qui existe par elle-même, par conséquent à l'être absolu, indépendant et parfait qui est Dieu. (Cf. *IIIe Méditation*, p. 284 et suiv.)

Ces deux dernières démonstrations remontent des effets aux causes, et résultent du principe de causalité; la première est une démonstration *à priori* qui repose sur l'identité de l'essence et de l'existence en Dieu, et sur une application du principe de contradiction.

9. Les attributs divins se déduisent également de l'idée que nous avons de l'infini, car, comme nous en déduisons son existence, nous pouvons de même en déduire ce qu'il est, autant que le permet la faiblesse de notre nature. « Car, faisant réflexion sur l'idée que nous avons de lui, nous voyons qu'il est éternel, tout-connaissant, tout-puissant, source de bonté, de vérité, créateur de toutes choses, et qu'enfin il a en soi tout ce en quoi nous pouvons reconnaître quelque perfection infinie, ou bien qui n'est bornée d'aucune imperfection. » (*Principes*, 22.)

Pour savoir ce qu'il est, nous n'avons besoin que de prendre les perfections qui sont en nous et de les élever à l'infini, en les concevant sans défaillances ni limites. Ainsi les idées que nous avons de la toute-science, de la toute-puissance, de l'éternité, de l'immutabilité, de la simplicité, de l'unité, de la bonté infinie, de l'immensité, en un mot de la perfection absolue, ne se trouvent pas en nous; il faut qu'elles soient en lui comme en leur principe, et nous ne concevons notre être et nos perfections relatives que comme une participation de l'être et des attributs qui sont en lui.

Nous devons donc le considérer comme infiniment bon et incapable de nous tromper. La véracité de Dieu devient pour Descartes un second critérium, qui lui permet d'écarter l'hypothèse qu'il avait faite tout d'abord d'un principe méchant qui prendrait plaisir à nous tromper, en produisant en nous, principalement à l'occasion de l'existence des corps, des images qui nous feraient prendre des ombres ou des fantômes pour des réalités.

10. Jusqu'à ce moment, Descartes n'a admis que l'existence de l'esprit; l'esprit créé, l'âme ou le moi pensant, l'esprit incréé ou Dieu, l'être infiniment parfait. Il n'a pu affirmer l'existence des corps, parce que le témoignage des sens est trop défectueux pour qu'il ait pu s'en rapporter à ce moyen de connaître sans crainte d'erreur. Les objets dont ils accusent l'existence ne sont d'ailleurs que des êtres mobiles et changeants, qui n'impliquent nullement dans leur nature la nécessité d'exister. Les propriétés du cercle ou du triangle sont des abstractions qui peuvent n'avoir aucune réalité objective.

A la vérité, nous sommes naturellement portés à affirmer l'existence de notre propre corps et l'existence des corps avec lesquels nous sommes en rapport. Mais tant que nous ne connaissons pas la nature de l'être qui nous a donné l'existence, tant que nous ne savons pas s'il est bon ou méchant, vrai ou trompeur, nous ne pouvons nous fier à ce sentiment qu'il a mis en nous. Au contraire, la véracité de Dieu étant démontrée, nous n'avons plus lieu de douter. Car, ayant mis en moi « une très grande inclination à croire que les idées que j'ai des corps partent des choses corporelles elles-mêmes, je ne vois pas comment on pourrait l'excuser de tromperie, si, en effet, ces idées partaient d'ailleurs, ou étaient produites par d'autres cause que par des choses corporelles; et partant il faut conclure qu'il y a des choses corporelles qui existent ». (*VIe Méditation*, p. 334.)

11. L'existence des corps démontrée, quelle est leur nature? quelle est l'essence de la matière dont ils sont composés? D'après Descartes, toute la matière est homogène, c'est-à-dire que tous les corps, quels qu'ils soient, sont formés d'une matière qui est de même nature. La nature de la matière est profondément distincte de la nature de l'esprit. L'essence de l'esprit est la pensée, et nous avons vu qu'il définissait l'âme humaine *res cogitans;* l'essence de la matière est l'étendue; il l'appelle *res extensa*. Nous pouvons nier de la matière la couleur, la saveur, le son, telle ou telle forme en particulier, mais il n'y a qu'une chose qui soit évidemment et distinctement comprise dans l'idée que nous en avons, c'est l'étendue. L'espace étant infini, le monde matériel est infini en extension, et l'étendue étant partout, la matière est aussi partout. Le vide

est donc une absurdité. L'étendue étant divisible à l'infini, la matière est aussi divisible à l'infini. Par conséquent, on ne peut admettre l'existence des atomes, l'ancienne hypothèse des Épicuriens que Gassendi avait renouvelée.

Descartes ne reconnaît donc que deux substances : la substance pensante et la substance étendue ; la substance pensante qui vit dans un monde supérieur, qui s'élève aux idées abstraites, à l'idée de l'infini, qui raisonne, qui discute, qui combine les notions qu'elle possède, comme le fait l'entendement humain ; et la substance étendue qui, suivant ses divers degrés de perfection, produit les corps bruts et organisés, tous les êtres qui peuplent les trois grands règnes de la nature : le règne minéral, le règne végétal et le règne animal.

Ces deux mondes, le monde des esprits et celui des corps, sont profondément séparés.

12. Dieu a créé la matière, et avec la matière il a formé le monde.

La matière a été mise en mouvement par Dieu ; mais une fois le mouvement imprimé à la matière, le monde, en raison des lois que Dieu a établies, a dû se produire tel qu'il est.

Ces lois découlent des perfections infinies de Dieu et en sont la manifestation si nécessaire, « que quand Dieu aurait créé plusieurs mondes, il ne saurait y en avoir aucun où elles manquassent d'être observées. »

C'est en vertu de ces lois qu'une partie de la matière créée est devenue le ciel que nous voyons au-dessus de nos têtes ; qu'une autre a produit les planètes et les comètes, une autre le soleil et les étoiles fixes, une autre la terre avec les montagnes, les mers, les fontaines, les rivières qui l'arrosent, les plantes qui l'ornent, les animaux qui la peuplent. (Cf. *Discours de la Méthode*, V[e] part., p. 170 et suiv.)

C'est le mouvement seul qui donne à la matière première la forme particulière qui distingue tous les corps. Comme tout est plein, suivant l'hypothèse de Descartes, le mouvement n'est possible qu'à condition que quand une partie se meut une autre prenne sa place, et qu'il n'y ait pas de vide.

Le mouvement est pour cela curviligne, et on peut le comparer aux ondulations de l'eau, aux tourbillons de l'air. Le monde actuel ne pouvait être autrement qu'il n'est, et quel que soit l'état des choses qu'on prenne pour point de départ, la matière devait continuellement changer sous l'action des lois de la nature, jusqu'à ce qu'à la suite d'une succession mécanique d'états et de formes, elle arrive à la disposition présente, et que le monde soit ce qu'il est. (*Principes*, III, 47, p. 212 et suiv.)

Dans cette cosmologie, Dieu est le créateur de la matière, le premier moteur de l'univers; mais une fois que l'impulsion a été donnée, tout s'est produit sans son secours. C'est ce qui faisait dire à Pascal: « Je ne puis pardonner à Descartes; il aurait bien voulu, dans toute sa philosophie, pouvoir se passer de Dieu, mais il n'a pu s'empêcher de lui faire donner une chiquenaude pour mettre le monde en mouvement; après cela il n'a plus que faire de Dieu. »

13. Descartes applique son automatisme aux êtres organiques, aux animaux, à la vie corporelle dans l'homme. Tout s'explique d'après les principes de la mécanique. Dans les êtres organiques, leur organisation n'est qu'un mécanisme plus ou moins compliqué, et la physiologie devient un chapitre de la physique. Il ne voit dans le corps humain lui-même qu'une transformation de la matière sous l'action du mécanisme universel. Il admet même les générations spontanées et ne nous montre dans le monde qu'une lutte incessante qui se termine toujours par le triomphe du plus fort, et qui a par conséquent beaucoup d'analogie avec la sélection naturelle de Darwin et son évolutionisme.

Comme il n'admet que deux sortes de substances créées, l'esprit et la matière, et que par l'esprit (*res cogitans*) il entend l'âme qui raisonne et qui arrive aux conceptions les plus élevées, comme l'âme humaine, il ne peut voir dans les animaux que des êtres sans âmes, des automates composés de la matière, mus par les esprits animaux qui sont les agents mécaniques de tous les phénomènes qu'ils produisent. « Ils sont, dit-il, comme un vent très subtil, ou plutôt comme une flamme très pure et très vive, qui, montant continuellement en grande abondance du cœur dans le cerveau, se va rendre de là par les nerfs dans les muscles et donne le mouvement à tous les membres. »

La sensation n'est pas la cause des mouvements que les esprits animaux produisent, elle en est l'effet; mais cet effet n'a pas le caractère que nous lui supposons, il n'est qu'apparent. L'animal ne sent pas, il n'éprouve ni délectation ni souffrance; c'est un automate qui obéit à un mouvement mécanique, comme une horloge, mais qui n'a nullement conscience de ce qui se passe en lui.

Descartes prétend que si l'on fait attention à l'industrie des hommes qui parviennent à faire avec de bien faibles ressources tant de machines si merveilleuses, on ne sera pas étonné que

Dieu fasse avec les os, les muscles, les artères, les veines et toutes les autres parties dont se compose le corps d'un animal, un être si bien ordonné, qu'il arrive à exécuter des mouvements plus parfaits et mieux conçus que ceux que donnent les machines de notre invention.

Dieu est l'auteur des mouvements dans les animaux, comme il est l'auteur de tous les mouvements qui se font dans le monde.

14. Descartes n'ayant admis qu'une science et qu'une méthode, la science des idées et la méthode rationnelle pure, il ne distingue pas entre les lois de la nature et les lois de la raison, entre les lois qui régissent le monde physique et les axiomes qui servent de principes aux sciences exactes.

Il croit que ces lois dépendent l'une et l'autre de la volonté de Dieu.

Dieu a créé le monde, et il l'a créé librement. Il le conserve, et la conservation du monde n'est pas autre chose que sa création continuée ou l'application continue des lois primitivement établies.

Ces lois sont l'expression de la volonté divine; elles sont telles que Dieu les a voulues, et il aurait pu, en raison de sa liberté, les vouloir autrement.

De même les lois de la raison pure, les axiomes, sont tous dépendants de sa volonté. Ils nous paraissent nécessaires, immuables, mais ils n'ont ces caractères que par rapport à nous. Dieu pourrait faire que deux fois quatre ne fissent pas huit, et que les trois angles d'un triangle ne fussent pas égaux à deux droits, parce qu'il n'y a point d'ordre, dit Descartes, point de loi, point de raison, de bonté et de vérité qui ne dépende de Dieu, et que c'est lui qui de toute éternité a établi, comme souverain législateur, les vérités éternelles.

Il n'y a d'exception que pour les vérités de l'ordre moral. Ce qui est essentiellement mauvais ne peut être bon, parce que Dieu irait contre sa sainteté et sa perfection s'il faisait le mal ou s'il le plaçait sur la même ligne que le bien.

15. Si l'on veut bien se rappeler la théorie de Descartes sur la volonté dans l'homme, on verra qu'elle a la plus grande analogie avec la volonté en Dieu.

Ainsi, en nous, l'entendement est passif. Il reçoit ou conçoit les idées, mais il ne juge pas. C'est la volonté qui juge, c'est elle seule qui prononce même dans les jugements que nous portons en matières nécessaires.

Tous nos actes sont donc volontaires, et c'est à la volonté qu'il faut rapporter tout ce que nous pensons, tout ce que nous disons, tout ce que nous faisons.

De même Descartes veut qu'en Dieu tout relève de la volonté. Le monde et ses lois, les sciences et leurs principes, tout dépend de sa volonté et de sa puissance, au point que les choses qui nous semblent les plus contradictoires, dans l'ordre rationnel comme dans l'ordre physique, pourraient être tout autrement s'il le voulait ou s'il l'avait voulu.

C'est ce qui a porté Leibniz à lui faire le reproche de se passer dans l'organisation du monde de l'intelligence divine, comme si Dieu n'était pas intelligent.

16. Aussi, au lieu de voir dans le monde, comme Socrate et la plupart des philosophes, une œuvre admirable conçue par l'intelligence infinie, il n'aperçoit dans l'ensemble des êtres matériels qu'une vaste série de causes et d'effets, de principes et de conséquences se rattachant par une chaîne ininterrompue à une force première, à une puissance ineluctable et absolue qui est la volonté divine.

Cette puissance profondément mystérieuse est impénétrable dans ses desseins. Que s'est-elle proposé en créant le monde? Assurément elle a eu un but, une fin suprême; mais qui peut la connaître? Ce serait, d'après Descartes, une grande présomption de notre part que de nous croire en état de pénétrer dans les desseins de Dieu et de lui ravir ses secrets.

« Car, dit-il, encore que ce soit une pensée pieuse et bonne, en ce qui regarde les mœurs, de croire que Dieu a fait toutes choses pour nous, afin que cela nous excite d'autant plus à l'aimer et à lui rendre grâces de tant de bienfaits, encore aussi qu'elle soit vraie en quelque sens, à cause qu'il n'y a rien de créé dont nous ne puissions tirer quelque usage, quand ce ne serait que celui d'exercer notre esprit en le considérant, et d'être incités à louer Dieu par son moyen, il n'est toutefois aucunement vraisemblable que toutes choses aient été faites pour nous, en telle façon que Dieu n'ait eu aucune autre fin en les créant; et ce serait, ce me semble, être impertinent de se vouloir servir de cette opinion pour appuyer des raisonnements de physique; car nous ne saurions douter qu'il n'y ait une infinité de choses, qui sont maintenant dans le monde, ou bien qui y ont été autrefois, et ont déjà entièrement cessé d'être, sans qu'aucun homme les ait jamais vues ou connues, et sans qu'elles lui aient jamais servi à aucun usage. » (*Principes*, III, 3, p. 182.)

Quand on descend dans le détail et qu'on recherche les fins secondaires de chaque être, Descartes voit là un moyen d'édification. Mais l'auteur de ces rapprochements ingénieux, serait-il Xénophon, Bossuet ou Fénelon, ne parle pas un langage digne de la science, et l'on doit rejeter ses considérations comme des choses puériles que la vraie philosophie ne peut accepter.

17. A la manière dont Descartes comprend les relations de Dieu avec les créatures, le monde est un ensemble d'êtres ou de substances si profondément séparé, qu'il ne semble uni à son auteur que par le principe abstrait de causalité. On peut dire avec Pascal que, dans cette hypothèse, le monde subsiste en vertu de ses lois, mais que Dieu est en quelque sorte inutile.

L'idée qu'il se fait de l'homme présente quelque chose de semblable. Le désir qu'il a eu de combattre les matérialistes l'a porté à concevoir l'âme comme absolument indépendante du corps. Il l'a considérée dans sa vie et il en a étudié les facultés avant de savoir si les corps existent, et si elle doit avoir avec eux le moindre rapport.

Il a également fait du corps un être complètement indépendant de l'âme. Il peut exister, avoir sa vie propre, ses mouvements, sans être uni à l'âme, comme cela arrive chez les animaux, qui ne sont que de simples machines.

L'âme (*res cogitans*) et le corps (*res extensa*) ne sont pas unis dans l'homme substantiellement. Le corps n'ayant pas besoin de l'âme et l'âme n'ayant pas besoin du corps, Dieu les a unis par un effet incompréhensible de sa puissance, mais cette union n'est qu'accidentelle.

Il y a même, d'après Descartes, une séparation si profonde entre ces deux substances, qu'elles ne peuvent pas avoir d'action l'une sur l'autre.

Ainsi l'âme, par là même qu'elle est esprit (*res cogitans*), ne peut d'aucune façon agir sur le corps, et le corps, par là même qu'il est matière (*res extensa*), ne peut agir d'aucune façon sur l'âme.

18. Cependant, quand le corps reçoit une impression, un coup, une blessure, il en résulte une douleur dans l'âme, et quand l'âme veut mouvoir le corps, en certains cas les membres du corps lui obéissent. Voilà des effets que l'expérience nous dénonce perpétuellement. Quelle en est donc la cause?

Dieu seul, parce que, d'après Descartes, il n'y a pas d'autre cause efficiente que lui. Les êtres qu'il a créés n'ont que le mouvement et l'énergie qu'il leur donne et ne peuvent s'élever à la dignité et à la force de cause efficiente. D'autre part, comme il y a entre le corps et l'esprit une séparation si profonde qu'elle est infranchissable, ils ne peuvent agir l'un sur l'autre. Les mouvements du corps qui répondent aux volitions de l'âme sont produits par Dieu à l'occasion de ces volitions, et les sensations que l'âme éprouve à la suite des impressions du corps, sont aussi des effets que Dieu produit en elle à l'occasion de ces impressions.

L'âme n'est donc pas la cause efficiente des mouvements du corps qui semble obéir à sa volonté, elle n'en est que la cause occasionnelle, et il en est de même du corps dans ses rapports avec l'âme.

Nous sommes ainsi soumis, d'après la réflexion de Malebranche, au souverain domaine de Dieu qui est l'auteur de tous nos mouvements et de tous nos actes.

19. Tel est le système de Descartes, que l'on peut considérer dans l'histoire de la philosophie comme une réaction directe contre la philosophie anglaise, qui avait Bacon pour chef. Bacon et Descartes furent deux réformateurs qui attaquèrent avec une égale ardeur la méthode péripatéticienne suivie dans les écoles. Bacon est pour la méthode expérimentale, l'induction, la classification et l'expérience, et devint dans nos temps modernes le père du sensualisme. Descartes donne à sa philosophie pour base la pensée, et tout en combattant le scepticisme, l'athéisme et le matérialisme, il penche vers l'idéalisme. Sa méthode est purement rationnelle; elle a une simplicité, une clarté que n'a pas celle du philosophe anglais. Du fait de la pensée il déduit son criterium, et armé de cette règle, il trace à l'esprit humain sa marche, et par une série de déductions parfaitement enchaînées il établit successivement l'existence de l'âme et du moi, l'existence de Dieu et les attributs divins, l'existence du corps et les lois qui ont présidé à sa formation et qui en règlent les mouvements, enfin les rapports de l'âme et du corps. On est frappé de la grandeur, de l'unité et de la force de ses conceptions. Son système fait honneur à son génie; mais en excluant la méthode expérimentale et l'induction pour ne s'en tenir qu'à la méthode rationnelle et à la déduction, il a compromis la solidité de son édifice, comme nous allons nous en convaincre en passant de l'exposition à l'appréciation de sa doctrine.

II. — Appréciation de la doctrine de Descartes.

20. Sincérité de sa foi. — 21. Irrésolution de son caractère. — 22. Impossibilités que présente l'application de la méthode cartésienne. — 23. Impuissance et stérilité du doute méthodique. — 24. De la nature de l'âme, d'après Descartes; idéalisme. — 25. De la valeur des preuves cartésiennes de l'existence de Dieu. — 26. De la démonstration de l'existence des corps. — 27. Inconvénients de la méthode purement rationnelle adoptée par Descartes. — 28. Fausse idée que Descartes se fait du monde. — 29. Ses fausses idées sur Dieu. — 30. Ses erreurs sur l'homme. — 31. Influence du cartésianisme. — 32. Mérite littéraire de Descartes.

20. On ne peut douter de la foi de Descartes. Dans tous ses écrits, il a soin de mettre la révélation en dehors et au-dessus des spéculations de la raison, et de protester en toutes circonstances de sa soumission aux décisions doctrinales de l'Église. Ces protestations n'étaient pas de simples précautions contre les *persécutions* que les novateurs avaient à craindre alors de la puissance civile encore plus que de la puissance ecclésiastique. Sa vie a toujours été parfaitement d'accord avec ses paroles.

Élevé par les jésuites, il choisit pour son directeur, en sortant du collège de la Flèche, le cardinal Pierre de Bérulle, qui eut la plus grande influence sur ses publications et sur ses travaux. Il les inaugura par un humble et dévot pèlerinage à Notre-Dame-de-Lorette, et pendant longtemps il fréquenta l'Oratoire, prenant conseil du P. Gibieuf, du P. Léonor de la Barde, du P. de Condren, qui eurent l'occasion de redresser en lui une foule d'idées nouvelles qui ne s'accordaient pas bien avec les principes de la théologie et les règles de la foi.

Dans la première partie du XVIIe siècle, l'abus des controverses religieuses, les désordres qu'avaient entraînés après elles les guerres de religion, avaient eu pour résultats la licence des mœurs et le dérèglement des esprits. L'athéisme, le matérialisme et le scepticisme étaient devenus à la mode dans un certain monde élégant et corrompu, et ces monstrueuses erreurs s'abritaient derrière les noms célèbres de Vanini, de Montaigne et de Gassendi. Elles avaient leur poète, Théophile, qu'une partie de la noblesse, le marquis de Liancourt, le duc de Montmorency, les Clermont, les Barradas protégeaient contre le parlement.

Descartes ne pouvait se contenir quand il voyait « qu'il y

avait dans ce monde des gens assez audacieux et assez impudents pour oser combattre contre Dieu » ; et ce fut pour renverser par leur base le scepticisme, l'athéisme et le matérialisme qu'il conçut et publia son système de philosophie.

21. Dans ces temps de luttes doctrinales où la tolérance n'était admise de personne, il fallait une certaine force de caractère pour se mettre en opposition avec les idées reçues. Descartes n'eut pas cette vertu. Il tenait à ses idées avec tout le dévouement qu'on se doit à soi-même et à ses convictions ; mais il redoutait la contradiction, et il estimait par-dessus tout sa liberté et sa tranquillité de cœur et d'esprit. « Je ne suis pas si sauvage, écrivait-il au P. Mersenne, son intime ami, que je ne sois bien aise, si on pense à moi, qu'on en ait bonne opinion; mais j'aimerais mieux qu'on n'y pensât point du tout. Je crains plus la réputation que je ne la désire, estimant qu'elle diminue toujours en quelque façon la liberté et le loisir de ceux qui l'acquièrent, lesquelles deux choses je possède si parfaitement et les estime de telle sorte, qu'il n'y a point de monarque au monde qui fût assez riche pour les acheter de moi. » (T. VI, édit. Cousin, p. 100.)

La condamnation de Galilée l'empêcha de publier son *Traité du monde;* mais il n'avait peut-être pas été moins vivement impressionné par l'arrêt du parlement de Paris, qui, dix ans auparavant, sur l'avis de la faculté de théologie de Paris, « avoit fait défense à toutes personnes, à peine de la vie, de tenir ni enseigner aucunes maximes contre les anciens autheurs et approuvez, ny faire aucunes disputes que celles qui seroient approuvées par les docteurs de la faculté de théologie. » (14 septembre 1624.)

Il quitta la France, dans l'espoir de trouver plus de tranquillité dans les pays du Nord. Tant qu'il y vécut dans la solitude, il eut des loisirs que ses nombreux visiteurs ne lui auraient pas laissés à Paris. Mais aussitôt qu'il eut fait connaître sa doctrine, il rencontra parmi les protestants une opposition que les théologiens catholiques ne lui auraient pas faite. Avec leur doctrine calviniste du péché originel, qui a détruit en nous, prétendaient-ils, l'intelligence et la volonté, ce qui les rendait fidéistes et fatalistes, ils ne pouvaient tolérer les théories rationnelles de Descartes. Ils l'accusèrent de pélagianisme, et il trouva dans Woët une violence et une amertume qu'il n'aurait certainement jamais rencontrées parmi les défenseurs les plus ardents du catholicisme.

En France, on eut toujours les plus grands égards pour sa

personne, parce qu'on connaissait la droiture de ses intentions. Ses livres furent mis à l'*index*, mais seulement en 1663, et avec cette clause qui était un adoucissement à la censure : *Donec corrigantur*. Le synode de Dordrecht bannit ses livres des écoles en 1656, et on interdit à Delft, l'année suivante, l'entrée du ministère pastoral à ceux qui faisaient ouvertement profession de cartésianisme. Cette condamnation fut renouvelée à Leyde et à Utrecht en 1676, et toute l'Allemagne protestante se déclara contre cette philosophie nouvelle, au nom du péripatétisme, qui était alors dominant.

Nous nous placerons à un autre point de vue que les universités allemandes pour apprécier la doctrine de Descartes. Nous n'invoquerons contre lui que les lumières de la raison, dont il a lui-même proclamé la souveraineté avec tant d'éclat.

22. Le premier tort de la méthode cartésienne est d'être d'une application impossible. Il est facile de dire à l'homme de se dépouiller de toutes ses connaissances, de ne pas croire à l'existence des corps sur le témoignage des sens, de rejeter les axiomes qui s'imposent à notre raison par l'éclat irrésistible de l'évidence, de se défier de toutes ses facultés comme s'il était dupe des pièges d'un esprit trompeur qui se plaît à le nourrir d'illusions et de mensonges; mais est-il possible de se soustraire à cette lumière qui nous inonde en quelque sorte et de fermer les yeux à sa clarté? Se figure-t-on bien quel serait l'état d'une intelligence qui aurait ainsi fait le vide en elle, et qui deviendrait la pensée elle-même, pour parler le langage de Descartes, si on avait écarté de l'âme toutes les notions premières, tous les jugements primitifs qu'elle forme instinctivement et qui sont la base de toutes nos connaissances? Ne serait-elle pas réduite à une abstraction creuse, dont l'activité et la vie cesseraient faute d'objets qui les alimentent?

Descartes nous dit que quand il eut ainsi mis à nu sa pensée, il fut effrayé des ruines qu'il venait de faire, et que, dans cet état, il fut pris d'une sorte de vertige qui mit en péril sa raison, et qui la troubla si profondément, que pendant plusieurs jours il fut dans l'état d'un homme qui ne sait que devenir. Si son génie chancela sous cette terrible épreuve, que deviendrait un homme ordinaire qui renverserait ainsi l'édifice de ses connaissances, et qui se précipiterait dans l'abîme du doute, sans savoir comment il en pourra sortir?

L'illustre philosophe nous dit qu'il mit près de neuf années à relever l'édifice qu'il avait renversé. Pendant ce temps il dut vivre, et pour la direction de sa vie il eut besoin d'admettre certains principes sociaux nécessaires pour régler son existence. Il reconnaît qu'il en sentit le besoin, et que tout en rejetant les connaissances qu'il avait acquises, il fit une exception pour les maximes de morale et de religion dont l'homme ne peut pas se passer, et qu'il prit avec lui-même l'engagement d'observer ces lois fondamentales sans lesquelles il n'est pas possible de vivre et d'être heureux.

Mais ces préceptes de religion et de morale n'étaient qu'un bagage provisoire que l'on accepte comme une nécessité du moment, et il n'en était pas plus certain que du reste. Il a donc été forcé, pendant neuf ans, de se soumettre à ces prescriptions faute de mieux, sans être assuré de leur exactitude et de leur vérité, avec la pensée qu'il pourrait bien être un jour amené à s'en séparer, si les investigations de son esprit l'amenaient à voir que sa religion n'était pas véritable, et que la morale qu'on lui avait enseignée était sans fondement. Il s'est ainsi trouvé pendant neuf ans sans conviction arrêtée sur les questions pratiques les plus importantes, et ce doute est inévitable pour tous ceux qui voudront arriver par le chemin qu'il a tracé.

Il a mis, nous dit-il, neuf ans pour sortir de cette incertitude. Mais ses disciples, qui ne peuvent se flatter d'être doués de la même force de génie, pourront en mettre bien davantage, et pendant tout ce temps ils n'auront pour les guider qu'une religion et qu'une morale provisoire : est-ce admissible? Est-ce là la route que nous devons suivre pour arriver à la vérité?

Tous les hommes étant faits pour la vérité, la voie qui y mène doit être simple, droite, facile et naturelle. Descartes l'a compris, et dans ses derniers ouvrages il s'efforce d'établir que sa méthode est la plus simple de toutes, et que pour la suivre il ne faut ni études préalables, ni aptitudes extraordinaires, et qu'il suffit du bon sens le plus vulgaire. Mais l'expérience est là pour démontrer que la tâche qu'elle suppose est au-dessus des forces de presque tous les hommes et que, comme il le reconnaît dans son *Discours de la Méthode*, « le monde n'est quasi composé que de deux sortes d'esprits auxquels sa méthode ne convient aucunement : à savoir de ceux qui, se croyant plus habiles qu'ils ne sont, ne se peuvent empêcher de précipiter leurs jugements, ni avoir assez de patience pour conduire par ordre toutes leurs pensées, d'où vient que, s'ils avaient une fois pris la liberté de douter des principes qu'ils ont reçus, et de s'écarter du chemin commun, jamais ils ne pourraient tenir le sentier qu'il faut prendre pour aller plus droit, et demeureraient égarés toute leur vie; puis de ceux qui, ayant assez de raison ou de modestie pour juger qu'ils sont moins capables de distinguer le vrai d'avec le faux que quelques autres par lesquels ils peuvent être instruits, doivent bien plutôt se contenter de suivre les opinions de ces autres, qu'en chercher eux-mêmes de meilleures. » (Édit. Cousin, IIe part., p. 138.)

23. D'ailleurs, le doute méthodique, tel que Descartes l'entend, n'est-il pas une impasse dont il n'est pas possible de sortir? On conçoit très bien que l'homme, arrivé à un certain âge, examine les notions qu'il a reçues et qu'il cherche à se rendre compte de la valeur des convictions qu'il a puisées au sein de sa famille et que ses maîtres lui ont inspirées. C'est tout à la fois son droit et son devoir.

En présence de la vérité révélée, les Pères de l'Église et les apologistes du christianisme n'ont jamais dit aux fidèles de croire et de fermer les yeux. Ils ont, au contraire, entouré l'autorité de l'Église des preuves les plus convaincantes, et ils se sont efforcés de répandre sur tous ses dogmes les plus vives lumières à l'aide de tous les moyens de connaître que nous possédons naturellement. Mais ils n'ont jamais fait du doute la condition de la certitude.

Dans certains endroits de ses écrits (Cf. *De libero arbitrio*, lib. II, c. II, n° 5; *Soliloques*, liv. II, c. I; *De civitate Dei*, lib. XI, c. XXVI), saint Augustin conclut du fait de sa pensée le fait de son existence, et trouve avec Descartes le fameux *Cogito, ergo sum;* mais il n'a jamais pensé à faire de cette sorte d'enthymème la base exclusive de sa philosophie. Bien loin d'engager ses disciples à partir du doute pour arriver à la foi et à la science, il veut que la foi soit, au contraire, le fondement de toutes les opérations de l'intelligence, et que les efforts de la raison n'aient pas d'autre but que de l'affermir. « Il ne faut pas, dit-il, que ses principes nous échappent jamais des mains. Ils sont comme les faits dont les physiciens cherchent l'explication. Tant qu'ils ne l'ont pas rencontrée ils continuent leurs recherches, mais ils ne doutent pas un seul instant de leur existence, et c'est précisément parce qu'ils en sont convaincus, que rien ne les arrête et ne les décourage dans leurs investigations. »

Mais une fois qu'on doute de tout, comme le veut Descartes, qu'on ne croit à aucune de ses facultés, qu'on ne sait si l'on rêve ou si l'on est à l'état de veille, qu'on se suppose même le jouet d'une puissance malfaisante qui est supérieure à nous, et qui met son plaisir à nous tromper, comment sortir de là et arriver à affirmer quelque chose?

Il dit, il est vrai, qu'il rencontre dans son doute un fait dont il ne peut douter, c'est l'existence de sa pensée. De ce fait incontestable, il en déduit un autre non moins certain: c'est celui de son existence, et il arrive à établir ce principe, « que toutes les fois qu'une chose lui paraîtra clairement et distinctement contenue dans une autre, il sera en droit de l'affirmer. » En d'autres termes, il proclame qu'il croira désormais à tout ce qui lui semblera évident.

Mais l'évidence des vérités premières, des axiomes, n'est pas moins saisissante ni moins irrésistible que l'évidence de ce principe logique qu'il vient d'établir. S'il s'est cru en droit de fermer les yeux à l'évidence de ces vérités premières, à quel titre, pour quel motif les ouvre-t-il à l'évidence du principe qu'il vient de proclamer? Est-ce que la lumière est plus vive dans la seconde hypothèse que dans la première? Est-ce qu'elle est d'une autre nature?

D'autre part, le fait de la pensée et le fait de l'existence qui lui semblent connexes, ne sont que deux faits particuliers que la conscience psychologique lui a révélés. Il s'est demandé comment il arrivait de l'un à l'autre, quel était le lien qui les unissait, et il a ensuite tiré de leurs rapports une formule qu'il a généralisée. N'y a-t-il pas là un paralogisme manifeste? Ne passe-t-on pas du particulier au général contrairement à toutes les lois de la saine logique?

Nous croyons que si l'on prend au sérieux le doute que propose Descartes, et qu'on le pousse aussi loin qu'il le prétend, on se jette dans un abîme dont il n'est pas possible de sortir et qu'on se condamne par là même à des efforts impuissants et stériles.

24. Descartes, en ne s'appuyant que sur la pensée pour établir l'existence de l'âme, croit avoir trouvé un argument victorieux contre les matérialistes. « Il n'y a plus lieu, dit-il, de confondre l'esprit avec la matière et d'attribuer aux organes du corps les fonctions et les opérations de l'esprit, attendu qu'on prouve l'existence de l'âme, sans se préoccuper d'aucune façon de l'existence du corps. »

D'après sa méthode, il ne sait pas même s'il y a des corps, lorsque l'existence de l'âme lui est révélée par la pensée, et il établit entre l'esprit et la matière une distinction si profonde que ces deux substances n'ont rien de commun. La substance pensante (*res cogitans*) a son existence propre et complètement indépendante de la substance corporelle (*res extensa*).

C'est vrai; mais cette séparation est si absolue, que le moi pensant, l'âme, telle que l'entend Descartes, n'est plus l'âme humaine. Ce n'est pas cette substance faite pour animer un corps, et qui est incomplète lorsqu'elle en est séparée. Ce n'est pas cette âme, douée de la faculté sensitive, qui doit aux organes du corps en partie son développement, et qui est privée de certaines facultés lorsque ces organes lui refusent leurs services.

C'est l'entendement pur, tel que le comprennent Platon et tous les idéalistes; il n'a que deux facultés : l'intelligence et la volonté, et il n'est uni au corps qu'accidentellement. Il l'habite comme un captif habite sa prison, mais il lui est étranger; il n'en reçoit rien, il ne lui donne rien, comme le suppose la théorie des causes occasionnelles imaginées par Descartes et Malebranche, pour expliquer les rapports de l'âme et du corps.

On se trouve ainsi plongé en plein idéalisme, et c'est dans ces dispositions que Descartes aborde la grande question de l'existence de Dieu.

25. Des trois preuves qu'il donne, la première qu'il croit avoir inventée nous semble au moins suspecte. Saint Thomas, qui l'avait lue dans saint Anselme, y voit une pétition de principes, et nous croyons, comme lui, qu'on ne peut tirer de l'idée l'existence de son objet qu'autant qu'on suppose préalablement qu'elle la renferme.

Les deux autres preuves, tirées de l'existence et de l'imperfection du moi, ne sont que les preuves métaphysiques que la plupart des philosophes appuient sur le principe de causalité en remontant de l'imparfait au parfait, du relatif à l'absolu, du contingent au nécessaire. Assurément elles sont incontestables. Mais en voyant la thèse dirigée par Descartes contre l'athéisme réduite à ces deux arguments abstraits, nous ne pouvons nous empêcher de dire qu'au lieu de fortifier la défense de la vérité contre l'erreur il l'a considérablement affaiblie.

Comme il ne sait pas encore si les corps existent, il ne peut faire usage des magnifiques démonstrations que les autres philosophes tirent du spectacle du monde, de la beauté et de la richesse de la nature qui nous environne, de la nécessité d'un premier moteur et d'une première cause pour donner à tout cet ensemble le mouvement et l'harmonie qui résultent de son ordre majestueux et de son inaltérable unité.

Il ne peut pas non plus faire usage de ces preuves morales que nous fournissent le témoignage de la conscience, et les prescriptions de la loi naturelle qui se trouve gravée dans le cœur de tous les hommes.

Il est obligé de renoncer à tous les arguments les plus populaires pour s'enfermer en lui-même, et demander exclusivement à l'idée des déductions que les savants seuls peuvent saisir.

C'est de l'idée de l'infini qu'il déduit les attributs divins, et il ne peut les déduire d'ailleurs. S'il avait été conséquent avec lui-même, il n'en aurait conclu que les attributs métaphysiques ou absolus : l'unité, la simplicité, l'immutabilité, l'éternité, l'immensité, la science, la liberté et la puissance.

Il n'aurait pas parlé des attributs moraux, comme la providence, la bonté, la justice. Car, puisqu'il ne connaît pas encore l'existence du monde, il n'a pas à s'occuper de la providence qui le régit, de la bonté et de la justice de Dieu qui se manifestent dans ses rapports avec les créatures. Cependant c'est de sa bonté qu'il tire sa véracité, et c'est de la véracité de Dieu qu'il se fait un second criterium dont il se sert pour démontrer l'existence des corps.

26. On a vu ici, avec raison, un cercle vicieux; on lui a reproché de prouver l'évidence par la véracité divine, et de prouver la véracité divine par l'évidence.

Nous ajouterons à ce reproche celui de contredire dans sa marche scientifique l'ordre de la nature.

Avec la méthode cartésienne on établit d'abord l'existence de l'esprit, l'âme et Dieu, et c'est après avoir prouvé l'existence de l'esprit qu'on arrive à établir l'existence des corps ou de la matière.

Que Descartes prétende, s'il le veut, que l'esprit nous est mieux connu et plus facile à connaître que la matière, l'expérience est là pour prouver le contraire.

Dans l'ordre d'acquisition les idées des choses sensibles sont les premières; nous connaissons l'existence de notre corps avant celle de notre âme, et s'il est possible au matérialiste de nier l'existence des substances spirituelles, il n'est donné à personne de nier l'existence des corps. L'idéalisme absolu peut se soutenir dans les livres, mais la nature proteste contre la négation des corps, et l'on ne peut pas dire qu'elle proteste de la même manière contre la négation des esprits.

C'est pour cela qu'en philosophie nous ne débutons pas par l'affirmation de l'esprit, mais nous prenons pour point de départ les attestations de la conscience et des sens, et que nous empruntons à l'observation et à l'expérience les fondements de la science.

« La sagesse, dit Bossuet, consiste à connaître Dieu et à se connaître soi-même. La connaissance de nous-mêmes nous doit élever à la connaissance de Dieu. »

Pour connaître l'âme humaine, ce grand génie étudie d'abord ses opérations sensitives; il passe ensuite à ses opérations intellectuelles, et c'est d'après ces données essentiellement expérimentales qu'il arrive à se rendre compte de ce qu'est l'homme ainsi considéré dans son âme et dans son corps.

27. Pour étudier le monde des corps, il n'est pas possible de suivre une autre méthode que la méthode expérimentale. L'observation et l'induction sont les seuls moyens qui puissent maintenir l'esprit humain dans la vérité et le préserver de toute erreur.

En distinguant, comme nous le faisons, deux ordres de sciences : les sciences expérimentales et naturelles, et les sciences exactes et rationnelles, nous considérons le monde physique et ses lois comme des choses contingentes.

Dieu aurait pu ne pas créer le monde corporel au milieu duquel nous vivons, et il aurait pu le créer autrement qu'il n'est. Les lois physiques ne sont donc pas absolues. Elles sont stables et permanentes, en raison de la volonté divine qui les a établies; mais on conçoit très bien que Dieu en suspende les effets quand bon lui semble, et même qu'il les change s'il convient à sa sagesse de le faire.

Mais les sciences exactes étant absolues dans leurs principes et leurs conséquences, nous ne croyons pas que leurs axiomes puissent être changés. Ce sont des vérités éternelles qui ne sont pas autre chose, comme le dit Bossuet, que Dieu même. Il ne peut pas faire qu'un cercle soit carré ou qu'un triangle n'ait pas trois angles.

Descartes, n'admettant que sa méthode rationnelle, ne distingue pas ces deux ordres d'idées. Il confond les lois de la nature avec les lois de la raison, et il croit que Dieu est l'auteur des unes et des autres.

Il se figure ajouter à la puissance de Dieu en supposant qu'il peut changer l'essence des choses, mais il n'aboutit, d'une part, qu'à une contradiction; (car prétendre que Dieu peut faire ce qui est impossible, c'est dire qu'il peut ce qu'il ne peut pas), et de l'autre il détruit la vérité objective pour faire de toutes nos pensées des conceptions relatives qui pourraient être légitimement tout autres qu'elles ne sont, ce qui mène aux dernières limites du scepticisme le plus radical.

28. D'accord avec ses principes, Descartes idéalise le monde. Il ne veut voir dans les corps ni couleur, ni saveur, ni son, ni aucune des propriétés que les sens perçoivent directement et immédiatement. Il n'admet que l'étendue et le mouvement; l'étendue et le mouvement se ramenant facilement à la quantité, il réduit la physique au calcul et fait de l'ensemble du monde un vaste théorème de mathématiques.

Les lois du monde émanant de la volonté divine se développent d'elles-mêmes, et les phénomènes que nous percevons en sont les conséquences inévitables. Pour les expliquer, Descartes pose ces lois comme des principes, et il en tire une série de déductions nécessaires et fatales, qui constituent la science.

De cette conception au système de Spinoza il n'y a pas loin. Comme Descartes, qu'il prend pour son maître, ce philosophe n'admet pas d'autre procédé que la logique déductive. Il applique à la philosophie la méthode des géomètres, et prétend lui donner l'exactitude rigoureuse des sciences exactes en procédant par définitions, propositions et théorèmes.

Dans ce cas, tout dépendant du point de départ, il définit à sa façon la substance, l'attribut et le mode, et il arrive à conclure qu'il n'y a qu'une seule substance, dont tous les êtres que nous connaissons sont les attributs et les modes.

29. Descartes distingue avec soin les substances créées de la substance créatrice, et il aurait eu horreur du panthéisme de Spinoza.

Mais ses idées sur Dieu ne sont pas les nôtres.

Pour nous Dieu est présent à toutes les créatures. Il les soutient et les anime par sa puissance, il est bon et il a l'œil ouvert sur tous leurs besoins; il est sage et il a soin de donner à chacune d'elles ce qu'il lui faut pour atteindre la fin pour laquelle il l'a créée; il est juste et il tient compte du bien et du mal que font les créatures libres qui sont responsables de leurs actions; en un mot sa providence s'étend à tout, aux êtres matériels, aux plantes, aux animaux, à l'homme et aux pures intelligences. Elle embrasse tout à la fois la conservation des êtres et leur gouvernement.

Le Dieu de Descartes a produit les lois du monde, et il les laisse se développer d'elles-mêmes sans intervenir dans les effets qui en résultent. Il a donné au mouvement la première impulsion, et il est ensuite resté spectateur de tout ce qui se produit sur cette grande scène où la nature se déploie.

Sa puissance se manifeste, mais son intelligence n'a pas de part dans les événements et les phénomènes qui se succèdent. S'est-il proposé une fin? Descartes croit que c'est probable; mais il prétend que ce serait à l'homme une grande présomption que de chercher à s'en rendre compte. Tout ce que les philosophes disent des signes de l'intelligence qu'on remarque dans son œuvre lui paraît une affaire d'imagination, un roman plus ou moins ingénieux dont on peut s'édifier; mais, à son sens, la science ne peut reconnaître la légitimité de ces suppositions ou de ces rapprochements purement arbitraires.

30. Cette négation des causes finales ne pouvait manquer d'avoir en morale les conséquences les plus graves; car l'idée que nous nous faisons de nos devoirs dépend de l'idée que nous nous faisons de notre fin. Avant de savoir ce que nous avons à faire ici-bas, il faut que nous sachions où nous allons et que nous déterminions le but de notre existence.

Si Dieu ne nous a pas créés pour une fin particulière, ou s'il ne nous est pas possible de connaître cette fin, nous nous trouvons sans direction et sans boussole, et nous sommes forcés d'aller à l'aventure.

Descartes avait sur cette partie de la philosophie comme sur toutes les autres des opinions particulières, mais il n'osa pas les publier. « Si je traitais de la morale, écrivait-il à son ami M. Chanut, notre ambassadeur en Suède, messieurs les régents de collège ne nous laisseraient aucun repos. Ils sont déjà très vivement animés contre moi; mais que ne diraient-ils pas, si j'entreprenais d'examiner quelle est la juste valeur de toutes les choses qu'on peut désirer ou craindre, quel sera l'état de l'âme après la mort, jusqu'où nous devons aimer la vie, et quels nous devons être pour n'avoir aucun sujet d'en craindre la perte? »

Pour bien résoudre toutes ces questions, il faut avoir une connaissance exacte de l'homme, et c'est ce que Descartes n'avait pas.

En psychologie, pour n'avoir pas fait de psychologie expérimentale, il avait mutilé l'âme en ne reconnaissant en elle que deux facultés : l'intelligence et la volonté; il avait déprécié l'intelligence en lui enlevant la faculté de juger, et il avait exagéré la valeur de la volonté en en faisant tout à la fois la source exclusive de l'erreur et du mal.

Il n'avait admis en logique qu'une partie de nos moyens de

connaître. Il s'était arrêté à la logique déductive, et il avait mis de côté la logique inductive, c'est-à-dire le procédé essentiel pour étudier les sciences naturelles, qui sont avant tout des sciences d'observation et d'expérience.

Dans l'homme il admet deux substances : l'âme et le corps; mais ces deux substances sont séparées par un abîme infranchissable. Il prétend qu'elles n'ont pas d'action l'une sur l'autre, et arrive au bizarre système des causes occasionnelles qui est contredit en nous par le témoignage de la conscience, que le bon sens repousse, et qui aurait le tort de compromettre la dignité et la sainteté de Dieu en le faisant sinon l'auteur, du moins le complice de tous nos actes.

31. Aujourd'hui tous les philosophes reconnaissent que le système de Descartes ne peut être soutenu. Il n'y a personne qui soutienne ses opinions particulières, et qui ne rejette son doute méthodique, sa logique incomplète, sa théodicée erronée et sa théorie inacceptable des causes occasionnelles.

Mais ce qui lui a survécu, c'est le principe qu'il a proclamé de l'indépendance de la raison en matière philosophique. Avant lui le mouvement était commencé, la réaction se faisait contre Aristote et son autorité exagérée; mais il vint, dit Jules Simon, au moment où la réforme était possible, et il se présenta avec toutes les qualités d'un réformateur sérieux, la hardiesse et la prudence.

Sa méthode et ses découvertes eurent la plus grande influence sur son siècle. « Ce fut lui, dit un de ses biographes, qui eut l'insigne mérite d'apprendre à nos pères à substituer les idées aux mots, les notions élevées aux vaines formules, les méthodes intellectuelles aux méthodes mécaniques; ce fut lui qui remit en honneur parmi eux la méditation, et il lui traça des lois qui sont encore les meilleures qu'elle puisse suivre; ce fut lui qui força par ses préceptes et ses exemples l'esprit humain à se rendre un compte fidèle de ses propres opinions, et des motifs qui les fondent; enfin ce fut lui qui l'affranchit du joug de l'autorité et lui rendit le sentiment de sa force et de sa dignité. »

Tout en l'émancipant vis-à-vis d'Aristote et des anciens, Descartes avait fait ses réserves en faveur de la foi dont il voulait que la raison reconnût toujours les oracles.

Ces réserves furent respectées par les maîtres de la science sacrée, qui surent, comme Bossuet et Fénelon, choisir dans la nouvelle doctrine ce qu'il y avait de meilleur pour en faire hommage à la foi elle-même.

Mais il y eut un très grand nombre d'esprits *indépendants*, qui, comme Spinoza et les rationalistes en général, proclamèrent la liberté absolue de la raison et ne craignirent pas de se mettre en opposition directe avec les enseignements de l'Église.

Bossuet avait pressenti l'abus que les disciples devaient faire de la doctrine du maître. « Je vois, écrit-il à un disciple du P. Malebranche, un grand combat se préparer contre l'Église sous le nom de la philosophie cartésienne. Je vois naître de son sein et de ses principes, à mon avis mal entendus, plus d'une hérésie, et je prévois que les conséquences contre les dogmes que nos pères ont tenus, la vont rendre odieuse, et feront perdre à l'Église tout le fruit qu'elle en pouvait espérer pour établir dans l'esprit des philosophes la divinité et l'immortalité de l'âme.

« De ces mêmes principes mal entendus, un autre inconvénient terrible gagne sensiblement les esprits; car, sous prétexte qu'il ne faut admettre que ce qu'on entend clairement (ce qui, réduit à certaines bornes, est très véritable), chacun se donne la liberté de dire : J'entends ceci et je n'entends pas cela; et, sur ce seul fondement, on approuve et on rejette tout ce qu'on veut, sans songer qu'outre nos idées claires et distinctes, il y en a de confuses et de générales qui ne laissent pas d'enfermer des vérités si essentielles qu'on renverserait tout en les niant. Il s'introduit, sous ce prétexte, une liberté de juger, qui fait que, sans égard à la tradition, on avance témérairement tout ce qu'on pense; et jamais cet excès n'a paru, à mon avis, davantage que dans le nouveau système; car j'y trouve à la fois les inconvénients de toutes les sectes, et en particulier, ceux du pélagianisme. » (Édit. de Vers., t. XXXVII, p. 375.)

32. Les admirateurs de Descartes ne le considèrent pas seulement comme le créateur de la philosophie moderne; mais ils voient encore en lui un de nos plus grands écrivains. « Pour exprimer les créations de son génie, il a créé, dit Cousin, un langage digne d'elles, naïf et mâle, sévère et hardi, cherchant avant tout la clarté et trouvant par surcroît la grandeur. Il a donné à la prose française, dans le *Discours de la Méthode*, la fermeté et la perfection que Corneille donnait en même temps à la poésie dans la tragédie du *Cid*. Aussitôt que ce chef-d'œuvre parut, tout ce qu'il y avait d'esprits solides en France reconnurent à l'instant même le langage qu'ils cherchaient. Depuis on ne parla plus que celui-là, les faibles médiocrement, les

forts en y ajoutant leurs qualités diverses, mais sur un fond invariable, devenu le patrimoine et la règle de tous. »

M. Nisard est encore plus enthousiaste. « En même temps, dit-il, que Descartes donnait le premier une image parfaite de l'esprit français, il portait la langue française dans sa perfection. La première chose d'ailleurs entraîne la seconde; car comment concevoir la perfection d'une langue sans la parfaite conformité des idées qu'elle exprime avec le génie du pays qui la parle? Ce n'est pourtant pas toute la langue; mais c'est tout ce qui n'en changera pas et la rendra toujours claire pour les esprits cultivés; c'est, si je puis parler ainsi, la langue générale. Toutes les qualités d'appropriation y sont réunies. »

Nous ne pouvons souscrire sans restriction à tous ces éloges.

Nous ferons d'abord observer que Descartes a écrit en latin la plupart de ses principaux ouvrages. Ainsi il a publié en latin ses *Méditations*, qui ont été traduites par le duc de Luynes, les *Principes*, par l'abbé Picot, les *Règles pour la direction de l'esprit* et les *Recherches de la vérité par la lumière naturelle*, par M. Cousin.

Il avait publié en français le *Discours de la Méthode;* mais l'année suivante il le traduisit en latin pour le répandre dans les universités étrangères.

Ce monument, malgré son importance, ne fut jamais une œuvre populaire, et il ne put pas avoir sur la formation de la langue française l'influence que M. Nisard et Cousin lui attribuent.

Son style a de la clarté, de la précision et de la netteté; mais il est surchargé de latinismes, et la phrase a souvent une allure lourde et embarrassée. Nous croyons que Sainte-Beuve est plus dans le vrai lorsqu'il dit que Descartes n'a pas eu d'influence sur la formation de la prose française : « Ce n'est, dit-il, qu'un témoin de la langue de son temps : il la parlait bien et il l'écrivait naturellement, mais on ne peut pas dire qu'il l'ait fait avancer[1]. »

[1] Voir dans l'*Enseignement chrétien* les dissertations suivantes :

1° Sur quels points Locke s'est-il séparé de Descartes et des cartésiens? 1882, p. 232-234.

2° D'après Descartes, l'âme est une chose pensante (*res cogitans*), et la matière une chose étendue (*res extensa*). Apprécier cette double définition; 1883, p. 214-215.

3° Exposer et discuter la théorie de Descartes sur l'automatisme des animaux; 1884, p. 198-200.

A LA SÉRÉNISSIME PRINCESSE ÉLISABETH

PREMIÈRE FILLE DE FRÉDÉRIC, ROI DE BOHÊME COMTE PALATIN ET PRINCE ÉLECTEUR DE L'EMPIRE[1]

Madame[2],

Le plus grand avantage que j'aie reçu des écrits que j'ai ci-devant publiés, a été qu'à leur occasion j'ai eu l'honneur d'être connu de Votre Altesse, et de lui pouvoir quelquefois parler, ce qui m'a procuré le bonheur de remarquer en elle des qualités si rares et si estimables,

[1] Frédéric V, roi de Bohême, comte palatin et prince électeur de l'Empire, né en 1593, s'était mis à la tête de l'union des princes protestants, et fut élu roi par les Bohémiens, qui avaient déclaré la déchéance de l'empereur Ferdinand II (1619). Il commença la guerre de Trente ans, dont la première période est désignée sous le nom de période Palatine. Vaincu par Ferdinand II à la Montagne-Blanche, près de Prague, il prit la fuite et fut mis au ban de l'Empire (1621), et dépouillé de ses États héréditaires, qui passèrent à la Bavière. C'est à ces événements malheureux que Descartes fait allusion dans son Épître à la princesse Élisabeth, sa fille aînée.

[2] Frédéric V avait épousé Élisabeth de la Grande-Bretagne, fille du roi d'Angleterre, Jacques Ier. Il en eut quatorze enfants : sept garçons et sept filles. La princesse Élisabeth, le disciple de Descartes, était l'aînée des filles de Frédéric V. Elle naquit le 26 décembre 1618. A peine avait-elle vu le jour, qu'elle se trouva associée aux aventures et aux adversités de son père, qui, obligé de se retirer à Mayence, y fut enlevé par la peste en 1636. Élisabeth se livra à l'étude avec autant d'ardeur que de succès, sous la direction de sa mère. Elle apprit le latin et cinq langues vivantes. Après avoir cultivé les belles-lettres, elle s'appliqua à la philosophie et aux mathémati-

que je crois que c'est rendre service au public de les proposer à la postérité pour exemple. J'aurais mauvaise grâce à vouloir flatter, ou bien à écrire des choses dont je n'aurais point de connaissance certaine, principalement aux premières pages de ce livre, dans lequel je tâcherai de mettre les principes de toutes les vérités que l'esprit humain peut savoir. Et la généreuse modestie que l'on voit reluire en toutes les actions de Votre Altesse m'assure que les discours simples et francs d'un homme qui n'écrit que ce qu'il croit lui seront plus agréables que ne seraient des louanges ornées de termes pompeux et recherchés par ceux qui ont étudié l'art des compliments. C'est pourquoi je ne mettrai rien en cette lettre dont l'expérience et la raison ne m'ait rendu certain; et j'y écrirai en philosophe ainsi que dans le reste du livre. Il y a bien de la différence entre les vraies vertus et celles qui ne sont qu'apparentes; et il y en a aussi beaucoup entre les vraies qui procèdent d'une exacte connaissance de la vérité, et celles

ques. Les *Essais de la philosophie*, que M. Descartes avait publiés, lui ayant inspiré une vive passion pour sa doctrine, elle désira recevoir ses leçons, et le pria de venir à Leyde et de la diriger dans ses travaux. L'illustre philosophe se rendit à son désir, et trouva dans cette princesse un esprit si étonnant, qu'il put l'exercer sans peine à l'étude des questions les plus abstraites de la géométrie et les plus sublimes de la métaphysique. La correspondance qu'il eut ensuite avec elle prouve qu'il n'a pas exagéré dans cette épître dédicatoire, lorsqu'il dit à cette princesse qu'elle sait, ce qui est extrêmement rare, allier la connaissance parfaite de l'algèbre et de tout ce qu'il y a de plus abstrait dans les mathématiques avec celle des choses métaphysiques. Il était venu demeurer près d'elle à Leyde, en janvier 1640. Ses *Principes de la philosophie* ayant paru le 10 juillet 1644, il y avait donc plus de quatre ans qu'il était en rapport avec elle, lorsqu'il les lui dédia. Par amour pour la philosophie, Élisabeth refusa la main de Vladislas IV, roi de Pologne, et se retira sur la fin de ses jours dans l'abbaye de Hervorden, ville hanséatique de la Westphalie, dans le comté de Ravensberg. Elle fit de cette abbaye une académie, où toute personne d'esprit était admise, sans distinction ni de sexe, ni de religion, ni d'opinion politique, pourvu qu'on fût un admirateur et un partisan zélé de la philosophie de Descartes. Ce fut une des premières écoles cartésiennes; mais elle ne subsista que jusqu'à la mort de sa savante fondatrice, qui arriva en 1680. Cette princesse était dans sa soixante-deuxième année.

qui sont accompagnées d'ignorance ou d'erreur. Les vertus que je nomme apparentes ne sont, à proprement parler, que des vices, qui, n'étant pas si fréquents que d'autres vices qui leur sont contraires, ont coutume d'être plus estimés que les vertus, qui consistent en la médiocrité, dont ces vices opposés sont les excès. Ainsi, à cause qu'il y a bien plus de personnes qui craignent trop les dangers qu'il n'y en a qui les craignent trop peu, on prend souvent la témérité pour une vertu, et elle éclate bien plus aux occasions que ne fait le vrai courage. Ainsi les prodigues ont coutume d'être plus loués que les libéraux, et ceux qui sont véritablement gens de bien n'acquièrent point tant la réputation d'être dévots que font les superstitieux et les hypocrites. Pour ce qui est des vraies vertus, elles ne viennent pas toutes d'une vraie connaissance, mais il y en a qui naissent aussi quelquefois du défaut ou de l'erreur : ainsi la simplicité est souvent la cause de la bonté, souvent la peur donne de la dévotion, et le désespoir du courage. Or les vertus qui sont ainsi accompagnées de quelque imperfection sont différentes entre elles, et on leur a aussi donné divers noms. Mais celles qui sont si pures et si parfaites, qu'elles ne viennent que de la seule connaissance du bien, sont toutes de même nature et peuvent être comprises sous le seul nom de la sagesse. Car quiconque a une volonté ferme et constante d'user toujours de sa raison le mieux qu'il est en son pouvoir, et de faire en toutes ses actions ce qu'il juge être le meilleur, est véritablement sage autant que sa nature permet qu'il le soit ; et par cela seul il est juste, courageux, modéré, et a toutes les autres vertus, mais tellement jointes ensemble, qu'il n'y en a aucune qui paraisse plus que les autres ; c'est pourquoi, encore qu'elles soient beaucoup plus parfaites que celles que le mélange de quelque défaut fait éclater, toutefois, à cause que le commun des hommes les remarque moins, on n'a pas coutume de leur donner tant de louanges. Outre cela, de deux choses qui sont requises à la sagesse ainsi décrite, à savoir que l'entendement connaisse tout ce qui est bien et que la volonté soit toujours disposée à le suivre, il n'y a que celle qui consiste en la volonté que tous les hommes puissent également avoir, d'autant que l'entendement de quelques-uns n'est pas si bon que celui des autres. Mais encore que ceux qui n'ont pas tant d'esprit puissent être aussi parfaitement sages que leur nature le permet, et se rendre très agréables à Dieu par leur vertu, si seulement ils ont toujours une ferme résolution de faire tout le bien qu'ils sauront, et de n'omettre rien pour apprendre celui qu'ils ignorent; toutefois ceux qui, avec une constante volonté de bien faire et un soin très particulier de s'instruire, ont aussi un très excellent esprit, arrivent sans doute à un plus haut degré de sagesse que les autres. Et je vois que ces trois choses se trouvent très parfaitement en Votre Altesse. Car pour le soin qu'elle a eu de s'instruire, il paraît assez, de ce que ni les divertissements de la cour, ni la façon dont les princesses ont coutume d'être nourries, qui les détournent entièrement de la connaissance des lettres, n'ont pu empêcher que vous n'ayez étudié avec beaucoup de soins tout ce qu'il y a de meilleur dans les sciences : et on connaît l'excellence de votre esprit en ce que vous les avez parfaitement apprises en fort peu de temps. Mais j'en ai encore une autre preuve qui m'est particulière, en ce que je n'ai jamais rencontré personne qui ait si généralement et si bien entendu tout ce qui est contenu dans mes écrits. Car il y en a plusieurs qui les trouvent très obscurs, même entre les meilleurs esprits et les plus doctes; et je remarque presque en tous que ceux qui conçoivent aisément les choses qui appartiennent aux mathématiques ne sont nullement propres à entendre celles qui se rapportent à la métaphysique, et, au contraire, que ceux à qui celles-ci sont aisées ne peuvent comprendre les autres : en sorte que je puis dire avec vérité que je n'ai jamais rencontré que le seul esprit de Votre Altesse auquel l'un et l'autre fût également facile ; ce qui fait que j'ai une très juste raison de l'estimer incomparable. Mais ce qui augmente le plus mon admiration, c'est qu'une si parfaite et si diverse connaissance de toutes les sciences n'est point en quelque vieux docteur qui ait employé beaucoup d'années à s'instruire, mais en une princesse encore jeune, et dont le visage représente mieux celui que les poètes attribuent aux Grâces que celui qu'ils attribuent aux Muses ou à la savante Minerve. Enfin, je ne remarque pas seulement en Votre Altesse tout ce qui est requis de la part de l'esprit à la plus haute et plus excellente sagesse, mais aussi tout ce qui peut être requis de la part de la volonté ou des mœurs, dans lesquelles on voit la magnanimité et la douceur jointes ensemble avec un tel tempérament, que, quoique la fortune, en vous attaquant par de continuelles injures, semble avoir fait tous ses efforts pour vous faire changer d'humeur, elle n'a jamais pu tant soit peu ni vous irriter ni vous abattre. Et cette sagesse si parfaite m'oblige à tant de vénération, que non seulement je pense lui devoir ce livre, puisqu'il traite de la philosophie qui en est l'étude, mais aussi je n'ai pas plus de zèle à philosopher, c'est-à-dire à tâcher d'acquérir de la sagesse, que j'en ai à être,

Madame,

de Votre Altesse

Le très humble, très obéissant et très dévot serviteur,

DESCARTES.

LETTRE DE L'AUTEUR

CELUI QUI A TRADUIT LE LIVRE, LAQUELLE PEUT ICI SERVIR DE PRÉFACE [1]

MONSIEUR,

La version que vous avez pris la peine de faire de mes Principes est si nette et si accomplie, qu'elle me fait espérer qu'ils seront lus par plus de personnes en français qu'en latin [2], et qu'ils seront mieux entendus. J'appréhende seulement que le titre n'en rebute plusieurs qui n'ont point été nourris aux lettres, ou bien qui ont mauvaise opinion de la philosophie, à cause que celle qu'on leur a enseignée ne les a pas contentés [3]; et cela me fait croire qu'il serait bon d'y ajouter une préface, qui leur déclarât

[1] Le traducteur du livre des *Principes* est Claude Picot, prieur du Rouvre, que l'on appelle ordinairement l'abbé Picot. Il était le fils de Jean Picot, receveur général des finances à Moulins. Il était, dit Baillet, l'aîné de deux frères, dont l'un était conseiller de la cour des aides, à Paris, l'autre auditeur des comptes; et de deux sœurs, mariées l'une à M. Hardy, maître des comptes, et l'autre à M. Pinon, maître des requêtes, tous amis de M. Descartes. (*Vie de Descartes*, liv. II, ch. XI, p. 147.)

[2] C'est sans doute pour ce motif que Descartes écrivit en français son *Discours de la Méthode*, dont la première édition parut à Leyde en 1637. Cependant les *Méditations* dédiées à la Sorbonne parurent d'abord en latin, à Paris (1641), sous ce titre : *Meditationes de prima philosophia, ubi de Dei existentia et animæ immortalitate.* La traduction française, faite par M. le duc de Luynes, revue et corrigée par Descartes, ne parut à Paris qu'en 1647.

[3] C'est l'impression qu'avait faite sur Descartes le cours de philosophie qu'il avait suivi à la Flèche. Il était professé par un habile maître; mais les jésuites n'avaient

quel est le sujet du livre, quel dessein j'ai eu en l'écrivant, et quelle utilité l'on en peut tirer. Mais, encore que ce dut être à moi à faire cette préface, à cause que je dois savoir ces choses-là mieux qu'aucun autre, je ne puis néanmoins rien obtenir de moi autre chose, sinon que je mettrai ici en abrégé les principaux points qui me semblent y devoir être traités; et je laisse à votre discrétion d'en faire telle part au public que vous jugerez être à propos.

J'aurais voulu premièrement y expliquer ce que c'est que la philosophie, en commençant par les choses les plus vulgaires, comme sont, que ce mot *philosophie* signifie l'étude de la sagesse; et que par la sagesse[1] on n'entend pas seulement la prudence dans les affaires, mais une parfaite connaissance de toutes les choses que l'homme peut savoir, tant pour la conduite de sa vie que pour la conservation de sa santé et l'invention de tous les arts; et qu'afin que cette connaissance soit telle, il est nécessaire qu'elle soit déduite des premières causes[2]; en sorte que, pour étudier à l'acquérir, ce qui se nomme proprement philosopher, il faut commencer par la recherche de ces premières causes, c'est-à-dire des principes; et que ces principes doivent avoir deux conditions : l'une, qu'ils soient si clairs et si évidents que l'esprit humain ne puisse douter de leur vérité, lorsqu'il s'applique avec attention à les considérer; l'autre, que ce soit d'eux que dépende la connaissance des autres choses, en sorte

pas rompu avec l'enseignement péripatéticien et les formules scolastiques, comme l'aurait voulu Descartes. (V. le *Discours de la Méthode*, Ire part., édit. Cousin, p. 129.)

[1] Le mot *sagesse* se prenait au XVIIe siècle pour la philosophie elle-même. Il désignait la connaissance naturelle ou acquise de toutes les choses qu'il importe à l'homme de savoir. Il avait le sens du mot latin *sapientia*. Pline appelle les philosophes *sapientiæ doctores*. Bossuet commence ainsi son *Traité de la connaissance de Dieu et de soi-même:* « La *sagesse* consiste à connaître Dieu et à se connaître soi-même. »

[2] Les cartésiens définissaient la philosophie : *cognitio ex primis principiis deducta*. C'est la définition qu'avait adoptée Valla, l'auteur de la philosophie de Lyon.

qu'ils puissent être connus sans elles, mais non pas réciproquement elles sans eux; et qu'après cela il faut tâcher de déduire tellement de ces principes la connaissance des choses qui en dépendent, qu'il n'y ait rien en toute la suite des déductions qu'on en fait qui ne soit très manifeste[1]. Il n'y a véritablement que Dieu seul qui soit parfaitement sage, c'est-à-dire qui ait l'entière connaissance de la vérité de toutes choses; mais on peut dire que les hommes ont plus ou moins de sagesse, à proportion qu'ils ont plus ou moins de connaissance des vérités plus importantes. Et je crois qu'il n'y a rien en ceci dont tous les doctes ne demeurent d'accord.

J'aurais ensuite fait considérer l'utilité de cette philosophie, et montré que puisqu'elle s'étend à tout ce que l'esprit humain peut savoir, on doit croire que c'est elle seule qui nous distingue des plus sauvages et barbares, et que chaque nation est d'autant plus civilisée et polie que les hommes y philosophent mieux : et ainsi que c'est le plus grand bien qui puisse être en un État, que d'avoir de vrais philosophes. Et outre cela, que pour chaque homme en particulier, il n'est pas seulement utile de vivre avec ceux qui s'appliquent à cette étude, mais qu'il est incomparablement meilleur de s'y appliquer soi-même; comme sans doute il vaut beaucoup mieux se

[1] D'après Descartes, la science est une, et il n'y a qu'une seule méthode, la méthode rationnelle pure, que l'on doit appliquer à la philosophie aussi bien qu'aux mathématiques. Il en conclut que nous n'avons que deux moyens pour arriver à la vérité sans crainte de nous tromper : l'intuition, qui nous donne les principes, et la déduction, qui nous permet de tirer les conséquences qu'ils renferment. *Règles pour la direction de l'esprit*, IIIe règle : Il faut chercher sur l'objet de notre étude, non pas ce qu'ont pensé les autres, ni ce que nous soupçonnons nous-mêmes, mais ce que nous pouvons voir clairement et avec évidence, ou déduire d'une manière certaine. C'est le seul moyen d'arriver à la science. (Éd. Cousin, t. XI, p. 209.) Il n'y a que deux voies ouvertes à l'homme pour arriver à une connaissance certaine de la vérité : l'intuition évidente et la déduction nécessaire. (*Ibid.*, p. 278.) Descartes n'admet pas la méthode expérimentale ni l'induction baconienne. Il n'y fait pas même allusion.

servir de ses propres yeux pour se conduire, et jouir par même moyen de la beauté des couleurs et de la lumière, que non pas de les avoir fermés et suivre la conduite d'un autre; mais ce dernier est encore meilleur que de les tenir fermés, et n'avoir que soi pour se conduire. Or c'est proprement avoir les yeux fermés, sans tâcher jamais de les ouvrir, que de vivre sans philosopher, et le plaisir de voir toutes les choses que notre vue découvre n'est point comparable à la satisfaction que donne la connaissance de celles qu'on trouve par la philosophie; et enfin, cette étude est plus nécessaire pour régler nos mœurs et nous conduire en cette vie, que n'est l'usage de nos yeux pour guider nos pas[1]. Les bêtes brutes qui n'ont que leur corps à conserver s'occupent continuellement à chercher de quoi le nourrir; mais les hommes, dont la principale partie est l'esprit, devraient employer leurs principaux soins à la recherche de la sagesse, qui en est la vraie nourriture; et je m'assure aussi qu'il y en a plusieurs qui n'y manqueraient pas, s'ils avaient espérance d'y réussir, et qu'ils sussent combien ils en sont capables. Il n'y a point d'âme tant soit peu noble, qui demeure si fort attachée aux objets des sens qu'elle ne s'en détourne quelquefois pour souhaiter quelqu'autre plus grand bien, nonobstant qu'elle ignore souvent en quoi il consiste. Ceux que la fortune favorise le plus, qui ont abondance de santé,

[1] La philosophie sera toujours pour l'homme la plus importante de ses connaissances, puisqu'elle a pour objet l'homme lui-même. Le γνῶθι σεαυτόν de Socrate est assurément la chose fondamentale. Et, avant tout, il faut que l'homme sache d'où il vient, où il va, et ce qu'il est. La psychologie lui dit ce qu'il est, la théodicée où il va et d'où il vient, et la morale lui montre la voie qu'il doit suivre. Ce sont les principes que la philosophie établit dans ses différentes parties sur la nature de l'homme et de Dieu, et sur leurs rapports qui décident de toutes les théories qu'on émet sur la politique, la législation et toutes les questions sociales. Les utopies des socialistes, des communistes et des anarchistes, proviennent de la fausse idée qu'ils se font de notre nature, et la meilleure réfutation qu'on en puisse faire, sera toujours l'étude approfondie de l'homme, de ses besoins et de ses facultés.

d'honneurs, de richesses, ne sont pas plus exempts de ce désir que les autres; au contraire, je me persuade que ce sont eux qui soupirent avec le plus d'ardeur après un autre bien, plus souverain que tous ceux qu'ils possèdent. Or ce souverain bien, considéré par la raison naturelle sans la lumière de la foi, n'est autre chose que la connaissance de la vérité par ses premières causes, c'est-à-dire la sagesse, dont la philosophie est l'étude. Et parce que toutes ces choses sont entièrement vraies, elles ne seraient pas difficiles à persuader si elles étaient bien déduites.

Mais, d'autant qu'on est empêché de les croire à cause de l'expérience qui montre que ceux qui font profession d'être philosophes sont souvent moins sages et moins raisonnables que d'autres qui ne se sont jamais appliqués à cette étude[1], j'aurais ici sommairement expliqué en quoi consiste toute la science qu'on a maintenant, et quels sont les degrés de sagesse[2] auxquels on est parvenu. Le premier ne contient que des notions qui sont si claires d'elles-mêmes, qu'on les peut acquérir sans méditation[3]; le second comprend tout ce que l'expérience des sens fait connaître[4]; le troisième, ce que la conversation des autres hommes nous enseigne[5]; à quoi l'on peut ajouter,

[1] Le bon sens est, en effet, un meilleur guide que la fausse science, avec tout son bagage pédantesque.

[2] Ces quatre degrés, ou ces quatre moyens, ne conduisent dans la pensée de Descartes qu'à la connaissance vulgaire et imparfaite que possède l'homme dont l'esprit n'est pas cultivé (V. plus loin, p. 57); mais ce ne sont pas des procédés que la vraie science admette comme règles.

[3] Ce sont les notions premières que nous saisissons par intuition. Elles forment la base de la connaissance, mais elles sont stériles si la déduction ne les féconde.

[4] Ce second moyen n'offrait aucune garantie à Descartes, parce qu'il regarde les sens comme une des sources les plus fécondes de nos erreurs. « Nous arrivons, dit-il, à la connaissance des choses par deux voies : c'est à savoir l'expérience et la déduction. Mais l'expérience est souvent trompeuse, la déduction seule est certaine. » (*Règles pour la direction de l'esprit*, t. XI, p. 207.)

[5] C'est la source de nos préjugés d'éducation ou de naissance, que

pour le quatrième, la lecture, non de tous les livres, mais particulièrement de ceux qui ont été écrits par des personnes capables de nous donner de bonnes instructions; car c'est une espèce de conversation que nous avons avec leurs auteurs[1]. Et il me semble que toute la sagesse qu'on a coutume d'avoir n'est acquise que par ces quatre moyens; car je ne mets point ici en rang la révélation divine, parce qu'elle ne nous conduit pas par degrés, mais nous élève tout d'un coup à une croyance infaillible.

Or il y a eu de tout temps de grands hommes qui ont tâché de trouver un cinquième degré pour parvenir à la sagesse, incomparablement plus haut et plus assuré que les quatre autres: c'est de chercher les premières causes et les vrais principes dont on puisse déduire les raisons de tout ce qu'on est capable de savoir[2]; et ce sont particulièrement ceux qui ont travaillé à cela qu'on a nommés philosophes. Toutefois je ne sache point qu'il y en ait eu jusqu'à présent à qui ce dessein ait réussi. Les premiers et les principaux dont nous ayons les écrits sont Platon et Aristote[3], entre lesquels il n'y a eu autre différence, sinon que le premier, suivant les traces de son maître Socrate, a ingénument confessé qu'il n'avait encore rien

Descartes range parmi les causes de nos erreurs. (Cf. *Les Principes de philosophie*, Ire part., n° 71.)

[1] Descartes et son école n'attachaient pas une grande importance à l'étude des auteurs qui avaient vécu avant eux. Ils dédaignaient en général l'érudition, n'attachant de prix qu'aux théories personnelles. « Eussions-nous lu, dit Descartes, tous les raisonnements de Platon et d'Aristote, nous n'en serons pas plus philosophes, si nous ne pouvons porter sur une question quelconque un jugement solide. Nous paraîtrions, en effet, avoir appris non une science, mais de l'histoire. » (*Règles pour la direction de l'esprit*, t. XI, p. 211.) Il est vrai que l'érudition toute seule ne suffit pas, mais il faut avouer que la connaissance de l'histoire de la philosophie peut beaucoup servir à l'étude de la philosophie elle-même.

[2] Ils ont synthétisé toutes les connaissances humaines, et les ont ramenées à quelques principes généraux, d'où ils ont déduit toutes leurs théories. Ce sont les chefs des différentes écoles que l'histoire de la philosophie nous fait connaître.

[3] C'étaient les seuls dont on s'occupait alors dans les écoles; car on était platonicien ou péripatéticien.

pu trouver de certain, et s'est contenté d'écrire les choses qui lui ont semblé être vraisemblables, imaginant à cet effet quelques principes par lesquels il tâchait de rendre raison des autres choses : au lieu qu'Aristote a eu moins de franchise, et bien qu'il eût été vingt ans son disciple, et qu'il n'eût point d'autres principes [1] que les siens, il a entièrement changé la façon de les débiter, et les a proposés comme vrais et assurés, quoiqu'il n'y ait aucune apparence qu'il les ait jamais estimés tels. Or ces deux hommes avaient beaucoup d'esprit, et beaucoup de la sagesse [2] qui s'acquiert par les quatre moyens précédents, ce qui leur donnait beaucoup d'autorité ; en sorte que ceux qui vinrent après eux s'arrêtèrent plus à suivre leurs opinions qu'à chercher quelque chose de meilleur ; et la principale dispute que leurs disciples eurent entre eux, fut pour savoir si on devait mettre toutes choses en doute, ou bien s'il y en avait quelques-unes qui fussent certaines [3] : ce qui les porta de part et d'autre à des erreurs extravagantes ; car quelques-uns de ceux qui étaient pour le doute l'étendaient même jusqu'aux actions de la vie ; en sorte qu'ils négligeaient d'user de prudence pour se conduire ; et ceux qui maintenaient la certitude, supposant qu'elle devait dépendre des sens, se fiaient entièrement à

[1] Voilà une étrange manière d'apprécier les systèmes de ces deux grands philosophes. Ils auraient eu les mêmes principes, bien qu'ils aient été à la tête de deux écoles opposées. Aristote se serait borné à débiter sous une autre forme les maximes de son maître, et la seule différence qu'il y aurait entre eux, c'est que l'un était sincère et l'autre ne l'était pas. Platon disait avec franchise qu'il doutait, tandis qu'Aristote affirmait comme certaines des choses qu'il ne jugeait pas telles. L'histoire proteste contre cette appréciation bizarre, qui fait des deux plus grands génies de l'antiquité des hommes qui n'auraient pas même été sérieux.

[2] De la fausse science, d'après Descartes.

[3] Ainsi les platoniciens et les péripatéticiens n'ont pas agité d'autre question que celle de la certitude, de telle sorte que les uns étaient sceptiques, et les autres ne l'étaient pas. Nous ne pouvons que renvoyer à l'histoire de la philosophie pour combattre ces exagérations par l'exposition pure et simple des deux systèmes.

eux, jusque-là qu'on dit qu'Épicure osait assurer, contre tous les raisonnements des astronomes, que le soleil n'est pas plus grand qu'il paraît[1].

C'est un défaut qu'on peut remarquer en la plupart des disputes, que la vérité étant moyenne entre les deux opinions qu'on soutient, chacun s'en éloigne d'autant plus qu'il a plus d'affection à contredire. Mais l'erreur de ceux qui penchaient trop du côté du doute ne fut pas longtemps suivie, et celle des autres a été quelque peu corrigée, en ce qu'on a reconnu que les sens nous trompent en beaucoup de choses[2]. Toutefois je ne sache point qu'on l'ait entièrement ôtée en faisant voir que la certitude n'est pas dans le sens, mais dans l'entendement seul[3], lorsqu'il a des perceptions évidentes; et que pendant qu'on n'a que les connaissances qui s'acquièrent par les quatre premiers degrés de sagesse, on ne doit pas douter des choses qui semblent vraies, en ce qui regarde la conduite de la vie[4]; mais qu'on ne doit pas aussi les estimer si certaines, qu'on ne puisse changer d'avis lorsqu'on y est obligé par l'évidence de quelque raison.

Faute d'avoir connu cette vérité, ou bien s'il y en a

[1] Épicure, que Descartes cherche à rendre ridicule, ne fut pas un simple disciple d'Aristote ou de Platon. Mais, après avoir étudié la doctrine de ces deux grands maîtres, il devint lui-même chef d'école, et il n'y eut peut-être pas de philosophe qui ait exercé un prestige aussi étonnant sur ses disciples.

[2] On l'a reconnu de tout temps, et il n'y a certainement personne qui en ait douté.

[3] Le vrai effet de l'entendement, dit Bossuet, est de connaître le vrai et le faux, et de les discerner l'un de l'autre. Tous les philosophes reconnaissent qu'il n'appartient qu'à lui de juger. L'ouïe apporte les sons, le goût les saveurs, c'est à l'entendement à tirer des sensations les conséquences. Quoi qu'en dise Descartes, ces vérités sont aussi anciennes que la philosophie elle-même.

[4] Descartes regarde les notions qui nous viennent par ces quatre degrés de sagesse comme incertaines, mais il veut qu'en attendant qu'on ait reconstruit l'édifice de ses connaissances, on mette en réserve celles qui sont nécessaires pour la conduite de la vie. (*Discours de la méthode*, IIIe part.) Ses prédécesseurs n'ont pas éprouvé le besoin de cette réserve, parce qu'ils ne se sont pas donné la même tâche.

qui l'ont connue, faute de s'en être servis, la plupart de ceux de ces derniers siècles qui ont voulu être philosophes ont suivi aveuglément Aristote[1]; en sorte qu'ils ont souvent corrompu le sens de ses écrits, en lui attribuant diverses opinions qu'il ne reconnaîtrait pas être siennes s'il revenait en ce monde[2]; et ceux qui ne l'ont pas suivi du nombre desquels ont été plusieurs des meilleurs esprits[3] n'ont pas laissé d'avoir été imbus de ses opinions en leur jeunesse parce que ce sont les seules qu'on enseigne dans les écoles, ce qui les a tellement préoccupés qu'ils n'ont pu parvenir à la connaissance des vrais principes. Et bien que je les estime tous, et que je ne veuille pas me rendre odieux en les reprenant, je puis donner une preuve de mon dire, que je ne crois pas qu'aucun d'eux désavoue, qui est qu'ils ont tous supposé pour principe quelque chose qu'ils n'ont point parfaitement connue. Par exemple, je n'en sache aucun qui n'ait supposé la pesanteur[4] dans les corps terrestres; mais encore que l'expérience nous montre bien clairement que les corps qu'on nomme pesants descendent vers le

[1] Aristote n'a pas été suivi aussi aveuglément que le prétend Descartes, comme on peut s'en convaincre d'après le traité de Launoy, *De varia Aristotelis in academia parisiensi fortuna*, les *Recherches critiques* de M. Jourdain, *sur l'âge et l'origine des traductions latines d'Aristote*, et l'*Histoire des écrits d'Aristote au moyen âge*. (Halle, 1831.)

[2] Les scolastiques modifièrent la doctrine d'Aristote, pour qu'elle ne fût pas en opposition avec la doctrine de l'Église, et les Arabes avaient altéré les traductions qu'ils en avaient faites, pour la rendre panthéiste comme eux.

[3] La réaction contre Aristote avait déjà bien ébranlé son empire, lorsque Descartes écrivait ces lignes. Après les attaques de Bacon, en Angleterre, le péripatétisme avait subi en France celles de Gassendi, qui lui avait porté un coup mortel dans ses *Études paradoxales*, publiées à Grenoble en 1623. Il y avait des partisans de Platon chez les jésuites. On en comptait un plus grand nombre chez les oratoriens, où la voie était ouverte à Malebranche, qui, tout en se disant le disciple de Descartes, devait se faire appeler le Platon chrétien des temps modernes.

[4] Les termes de *gravité*, de *vertu attractive*, ne sont que des expressions abstraites, qui expriment certains phénomènes plutôt qu'elles ne les expliquent. Voyez sur la pesanteur la *Logique de Port-Royal*, Ire part., chap. IX.

centre de la terre, nous ne connaissons point pour cela quelle est la nature de ce qu'on nomme pesanteur, c'est-à-dire de la cause ou du principe qui les fait ainsi descendre, et nous le devons apprendre d'ailleurs. On peut dire le même du vide et des atomes, et du chaud et du froid, du sec et de l'humide, et du sel, du soufre et du mercure, et de toutes les choses semblables, que quelques-uns ont supposées pour leurs principes. Or toutes les conclusions qu'on déduit d'un principe qui n'est pas évident ne peuvent aussi être évidentes, quand bien même elles en seraient déduites évidemment; d'où il suit que tous les raisonnements qu'ils ont appuyés sur de tels principes n'ont pu leur donner la connaissance certaine d'aucune chose, ni par conséquent les faire avancer d'un pas en la recherche de la sagesse. Et s'ils ont trouvé quelque chose du vrai, ce n'a été que par quelques-uns des quatre moyens ci-dessus déduits[1]. Toutefois je ne veux rien diminuer de l'honneur que chacun d'eux peut prétendre; je suis seulement obligé de dire pour la consolation de ceux qui n'ont point étudié, que tout de même qu'en voyageant, pendant qu'on tourne le dos au lieu où l'on veut aller, on s'en éloigne d'autant plus qu'on marche plus longtemps et plus vite, en sorte que, bien qu'on soit mis par après dans le droit chemin, on ne peut pas arriver sitôt que si on n'avait point marché auparavant; ainsi, lorsqu'on a de mauvais principes, d'autant qu'on les cultive davantage, et qu'on s'applique avec plus de soin à en tirer diverses conséquences, pensant que ce soit bien philosopher, d'autant s'éloigne-t-on davantage de la connaissance de la vérité et de la sagesse. D'où il faut conclure

[1] Ces quatre moyens ne pouvant rien établir d'une manière scientifique et certaine, il s'en suivrait qu'avant Descartes la science, ou, comme il l'appelle, la sagesse n'existait pas, et que les anciens philosophes, tournant le dos à la vérité, s'en étaient d'autant plus éloignés, qu'ils avaient fait plus d'efforts pour s'en approcher. Il y a là une exagération manifeste.

que ceux qui ont le moins appris de tout ce qui a été nommé jusqu'ici philosophie, sont les plus capables d'apprendre la vraie.

Après avoir bien fait entendre ces choses, j'aurais voulu mettre ici les raisons qui servent à prouver que les vrais principes par lesquels on peut parvenir à ce plus haut degré de sagesse, auquel consiste le souverain bien de la vie humaine, sont ceux que j'ai mis en ce livre : et deux seules sont suffisantes à cela, dont la première est qu'ils sont très clairs, et la seconde, qu'on en peut déduire toutes les autres choses ; car il n'y a que ces deux conditions qui soient requises en eux. Or je prouve aisément qu'ils sont très clairs : premièrement, par la façon dont je les ai trouvés, à savoir en rejetant toutes les choses auxquelles je pouvais rencontrer la moindre occasion de douter : car il est certain que celles qui n'ont pu, en cette façon, être rejetées lorsqu'on s'est appliqué à les considérer sont les plus évidentes et les plus claires que l'esprit humain puisse connaître. Ainsi, en considérant que celui qui veut douter de tout, ne peut toutefois douter qu'il ne soit pendant qu'il doute, et que ce qui raisonne ainsi, en ne pouvant douter de soi-même et doutant néanmoins de tout le reste, n'est pas ce que nous disons être notre corps, mais ce que nous appelons notre âme ou notre pensée, j'ai pris l'être ou l'existence de cette pensée pour le premier principe duquel j'ai déduit très clairement les suivants : à savoir qu'il y a un Dieu qui est auteur de tout ce qui est au monde, et qui, étant la source de toute vérité, n'a point créé notre entendement de telle nature qu'il se puisse tromper au jugement qu'il fait des choses dont il a une perception fort claire et fort distincte. Ce sont là tous les principes dont je me sers, touchant les choses immatérielles ou métaphysiques, desquels je déduis très clairement ceux des choses corporelles ou physiques, à savoir : qu'il y a des corps étendus en longueur, largeur et profondeur, qui ont diverses figures, et se meuvent en diverses façons. Voilà en somme tous les principes dont je déduis la vérité des autres choses. L'autre raison qui prouve la clarté de ces principes, est qu'ils ont été connus de tout temps, et même reçus pour vrais et indubitables par tous les hommes : excepté seulement l'existence de Dieu, qui a été mise en doute par quelques-uns, à cause qu'ils ont trop attribué aux perceptions des sens, et que Dieu ne peut être vu ni touché.

Mais, encore que toutes les vérités que je mets entre mes principes, aient été connues de tout temps de tout le monde, il n'y a toutefois eu personne jusques à présent, que je sache, qui les ait reconnues pour les principes de la philosophie, c'est-à-dire, pour telles qu'on en peut déduire la connaissance de toutes les autres choses qui sont au monde[1]; c'est pourquoi il me reste ici à prouver qu'elles sont telles, et il me semble ne le pouvoir mieux qu'en le faisant voir par expérience, c'est-à-dire en conviant les lecteurs à lire ce livre. Car, encore que je n'y aie pas traité de toutes choses, et que cela soit impossible, je pense avoir tellement expliqué toutes celles dont j'ai eu occasion de traiter, que ceux qui les liront avec attention auront sujet de se persuader qu'il n'est point besoin de chercher d'autres principes que ceux que j'ai établis, pour parvenir à toutes les plus hautes connaissances dont l'esprit humain soit capable ; principalement si, après avoir lu mes écrits, ils prennent la peine de considérer combien de diverses questions y sont expliquées, et que, parcourant aussi ceux des autres, ils voient combien peu de raisons vraisemblables on a pu donner pour expliquer les mêmes questions par des principes différents des miens. Et, afin qu'ils entreprennent cela plus aisément,

[1] Voilà la nouveauté et l'originalité du système. On peut être neuf et original à moins. Qu'on ne dise pas, dit Pascal, que je n'ai rien dit de nouveau : la disposition des matières est nouvelle. Quand on joue à la paume, c'est une même balle dont on joue l'un et l'autre ; mais l'un la place mieux. (*Pensées sur l'éloquence et le style*, n° 28.)

j'aurais pu leur dire que ceux qui sont imbus de mes opinions ont beaucoup moins de peine à entendre les écrits des autres et à en connaître la juste valeur que ceux qui n'en sont point imbus : tout au contraire de ce que j'ai tantôt dit de ceux qui ont commencé par l'ancienne philosophie, que d'autant plus qu'ils ont étudié, d'autant ont-ils coutume d'être moins propres à bien apprendre la vraie.

J'aurais aussi ajouté un mot d'avis touchant la façon de lire ce livre, qui est que je voudrais qu'on le parcourût d'abord tout entier ainsi qu'un roman, sans forcer beaucoup son attention ni s'arrêter aux difficultés qu'on y peut rencontrer, afin seulement de savoir en gros quelles sont les matières dont j'ai traité; et qu'après cela, si on trouve qu'elles méritent d'être examinées, et qu'on ait la curiosité d'en connaître les causes, on peut le lire une seconde fois pour remarquer la suite de mes raisons; mais qu'il ne se faut pas derechef rebuter si on ne la peut assez connaître partout, ou qu'on ne les entende pas toutes : il faut seulement marquer d'un trait de plume les lieux où l'on trouvera de la difficulté, et continuer de lire sans interruption jusqu'à la fin; puis, si on reprend le livre pour la troisième fois, j'ose croire qu'on y trouvera la solution de la plupart des difficultés qu'on aura marquées auparavant; et que s'il en reste encore quelques-unes, on en trouvera enfin la solution en relisant[1].

J'ai pris garde, en examinant le naturel de plusieurs esprits, qu'il n'y en a presque point de si grossiers ni de

[1] C'est un procédé pédagogique qui peut être universellement appliqué. Quand on veut connaître une grande ville, le premier jour on en parcourt les grandes lignes, on en prend une vue générale; le second, on voit les principaux monuments; le troisième, on recueille les souvenirs plus secondaires, et on regarde les édifices du deuxième ou troisième ordre; le quatrième, on cherche à se rendre compte des rapports qu'ont entre elles les parties différentes de la ville, on apprend les rues, les moyens de communication. On ne connaît bien la ville que quand on sait s'y orienter, s'y promener, se rendre compte de tout, sans craindre de s'égarer.

si tardifs qu'ils ne fussent capables d'entrer dans les bons sentiments, et même d'acquérir toutes les plus hautes sciences, s'ils étaient conduits comme il le faut[1]. Et cela peut aussi être prouvé par raison; car, puisque les principes sont clairs, et qu'on n'en doit rien déduire que par des raisonnements très évidents, on a toujours assez d'esprit pour entendre les choses qui en dépendent. Mais, outre l'empêchement des préjugés, dont aucun n'est entièrement exempt, bien que ce sont ceux qui ont le plus étudié les mauvaises sciences auxquels ils nuisent le plus, il arrive presque toujours que ceux qui ont l'esprit modéré négligent d'étudier, parce qu'ils n'en pensent pas être capables; et que les autres qui sont plus ardents se hâtent trop, d'où vient qu'ils reçoivent souvent des principes qui ne sont pas évidents, et qu'ils en tirent des conséquences incertaines. C'est pourquoi je voudrais assurer ceux qui se défient trop de leurs forces, qu'il n'y a aucune chose en mes écrits qu'ils ne puissent entièrement entendre, s'ils prennent la peine de les examiner; et néanmoins aussi avertir les autres, que même les plus excellents esprits auront besoin de beaucoup de temps et d'attention pour remarquer toutes les choses que j'ai eu dessein d'y comprendre.

Ensuite de quoi, pour faire bien concevoir quel but j'ai eu en les publiant, je voudrais ici expliquer l'ordre qu'il me semble qu'on doit tenir pour s'instruire. Première-

[1] Je crains bien que Descartes ne s'abuse ici sur la portée générale de l'esprit humain. Dans plusieurs endroits de ses écrits, il prétend qu'on n'a pas besoin d'avoir fait des études, qu'il suffit d'un sens droit pour entendre sa doctrine et appliquer sa méthode. (Cf. *Recherche de la vérité par les lumières naturelles*, p. 333-335, et p. 365.) Il est, à notre avis, bien plus dans le vrai quand il dit que sa méthode n'est pas à l'usage de tout le monde. « La seule résolution, dit-il dans le *Discours de la Méthode*, de se défaire de toutes les opinions qu'on a reçues auparavant en sa créance, n'est pas un exemple que chacun doive suivre. Et le monde n'est quasi composé que de deux sortes d'esprits auxquels il ne convient aucunement. » (Édit. Cousin, t. I, p. 137-138.)

ment, un homme qui n'a encore que la connaissance vulgaire et imparfaite qu'on peut acquérir par les quatre moyens ci-dessus expliqués, doit avant toutes choses tâcher de se former une morale[1] qui puisse suffire pour régler les actions de sa vie, à cause que cela ne souffre point de délai, et que nous devons surtout tâcher de bien vivre. Après cela, il doit aussi étudier la logique, non pas celle de l'école, car elle n'est à proprement parler qu'une dialectique[2], qui enseigne les moyens de faire entendre à autrui les choses qu'on sait, ou même aussi de dire sans jugement plusieurs paroles touchant celles qu'on ne sait pas, et ainsi elle corrompt le bon sens plutôt qu'elle ne l'augmente ; mais celle qui apprend à bien conduire sa raison pour découvrir les vérités qu'on ignore; et parce qu'elle dépend beaucoup de l'usage, il est bon qu'il s'exerce longtemps à en pratiquer les règles touchant des questions faciles et simples, comme sont celles des mathématiques[3]. Puis, lorsqu'il s'est acquis quelque habitude à trouver la vérité en ces questions, il doit commencer tout de bon à s'appliquer à la vraie philosophie, dont la première partie est la métaphysique, qui contient

[1] Avant de renverser l'édifice de ses connaissances, pour rejeter comme douteuses ou comme fausses toutes les connaissances qu'il a acquises, Descartes veut qu'on mette en réserve les principes de la morale, qu'il réduit à trois ou quatre maximes. (V. le *Discours de la Méthode*, IIIe part., p. 146 et suiv.)

[2] La réaction contre Aristote atteignit la syllogistique elle-même, dont ce grand génie avait reconnu et promulgué les règles. Descartes l'attaque très fréquemment. (*Cf.* *Discours de la Méthode*, t. I, p. 129; *Recherche de la vérité par les lumières naturelles*, t. XI, p. 756; *Règles pour la direction de l'esprit*, p. 295.) Bacon, Pascal, Malebranche, Port-Royal, sont de l'avis de Descartes sur ce point. Euler, Leibniz, Wolff, les Bernouilli, Kant et la plupart des philosophes ont, au contraire, reconnu l'utilité de cette gymnastique intellectuelle. Bossuet dit, dans sa lettre à Innocent XI, qu'il a tout particulièrement appliqué son royal élève à cette partie de la philosophie, « non pour la faire servir à de vaines disputes de mots, mais pour former son jugement par un raisonnement solide. »

[3] La méthode de Descartes étant purement rationnelle, il veut qu'on en fasse, en quelque sorte, l'apprentissage sur des matières abstraites.

les principes de la connaissance, entre lesquels est l'explication des principaux attributs de Dieu, de l'immatérialité de nos âmes, et de toutes les notions claires et simples qui sont en nous. La seconde est la physique, en laquelle, après avoir trouvé les vrais principes des choses matérielles, on examine en général comment tout l'univers est composé; puis en particulier quelle est la nature de cette terre et de tous les corps qui se trouvent le plus communément autour d'elle, comme de l'air, de l'eau, du feu, de l'aimant, et des autres minéraux. Ensuite de quoi il est besoin aussi d'examiner en particulier la nature des plantes, celle des animaux, et surtout celle de l'homme[1]; afin qu'on soit capable par après de trouver les autres sciences qui lui sont utiles. Ainsi toute la philosophie est comme un arbre, dont les racines sont la métaphysique[2], le tronc est la physique, et les branches qui sortent de ce tronc sont toutes les autres sciences qui se réduisent à trois principales, à savoir: la médecine, la mécanique et la morale[3]; j'entends la plus haute et la plus parfaite morale, qui, présupposant une entière connaissance des autres sciences, est le dernier degré de la sagesse.

Or, comme ce n'est pas des racines ni du tronc des arbres qu'on cueille les fruits, mais seulement des extrémités de leurs branches, ainsi la principale utilité de la philosophie dépend de celles de ses parties qu'on ne peut

[1] D'après cette énumération, on voit comment Descartes entendait la systématisation générale des sciences, et l'ordre qu'il prétendait que l'on devait suivre logiquement dans leur étude.

[2] Cet arbre est tout différent de celui de Bacon, adopté par Dalembert dans la préface de l'*Encyclopédie*. Descartes est idéaliste, et il prend la métaphysique pour son point de départ. L'école sensualiste commence, au contraire, par les sciences physiques.

[3] Ces trois sciences sont les sciences utilitaires; ce sont les fruits qu'on cueille sur les branches, la médecine conserve la vie, la mécanique vient en aide à l'homme en mettant à sa disposition les agents naturels qu'il peut discipliner, pour qu'ils suppléent à ses efforts dans les divers travaux qu'il est obligé de faire pour se loger, se vêtir et se nourrir, et la morale lui apprend le chemin qu'il doit suivre, les vertus qu'il doit pratiquer, pour accomplir sa destinée.

apprendre que les dernières. Mais, bien que je les ignore presque toutes, le zèle que j'ai toujours eu pour tâcher de rendre service au public est cause que je fis imprimer, il y a dix ou douze ans[1], quelques essais des choses qu'il me semblait avoir apprises. La première partie de ces essais fut un discours touchant la méthode pour bien conduire sa raison, et chercher la vérité dans les sciences, où je mis sommairement les principales règles de la logique[2], et d'une morale imparfaite[3], qu'on peut suivre par provision, pendant qu'on n'en sait point encore de meilleure. Les autres parties furent trois traités : l'un de la Dioptrique, l'autre des Météores, et le dernier de la Géométrie. Par la Dioptrique, j'eus dessein de faire voir qu'on pouvait aller assez avant en la philosophie pour arriver par son moyen jusqu'à la connaissance des arts qui sont si utiles à la vie, à cause que l'invention des lunettes d'approche, que j'y expliquais, est l'une des plus difficiles qui aient jamais été cherchées[4]. Par les Météores, je désirai qu'on reconnût la différence qui est entre la philosophie que je cultive et celle qu'on enseigne dans les écoles où l'on a coutume de traiter de la même matière[5]. Enfin, par la Géométrie, je prétendais démontrer

[1] Descartes publia, le 8 juin 1637, ses *Essais de la philosophie* en quatre traités : le *Discours de la Méthode*, et les trois *Traités de la Dioptrique, des Météores et de la Géométrie*. Ses *Principes de la philosophie* parurent à Amsterdam le 10 juillet 1644, et la traduction qu'en fit l'abbé Picot fut publiée en 1647, par conséquent dix ans après les *Essais*.

[2] Ce sont les quatre règles de la *Méthode*, reproduites par la *Logique de Port-Royal* (IVe part.), et qu'on retrouve aussi en partie dans l'*Art de persuader*, de Pascal.

[3] Voyez le *Discours de la Méthode*. (IIIe part., p. 146 et suiv., édit. de Cousin.)

[4] Dans sa *Dioptrique*, qui ne pouvait être que très imparfaite dans l'état d'enfance où se trouvait cette partie de la physique, Descartes a découvert la véritable loi de la réfraction.

[5] Dans son *Traité des Météores*, où il traite en une série de discours de la nature des corps terrestres, des vapeurs et des exhalaisons, du sel, des vents, des nues, de la neige, de la pluie et de la grêle, des tempêtes, de la foudre et de tous les feux qui s'allument dans l'air, il a le tort de ne pas s'appuyer suffisamment sur l'observation des faits, et de chercher à de-

que j'avais trouvé plusieurs choses qui ont été ci-devant ignorées, et ainsi donner occasion de croire qu'on en peut découvrir encore plusieurs autres, afin d'inciter par ce moyen tous les hommes à la recherche de la vérité[1]. Depuis ce temps-là, prévoyant la difficulté que plusieurs auraient à concevoir les fondements de la métaphysique, j'ai tâché d'en expliquer les principaux points dans un livre de Méditations qui n'est pas bien grand[2], mais dont le volume a été grossi, et la matière beaucoup éclaircie par les objections que plusieurs personnes très doctes m'ont envoyées à leur sujet, et par les réponses que je leur ai faites. Puis enfin, lorsqu'il m'a semblé que ces traités précédents avaient assez préparé l'esprit des lecteurs à recevoir les principes de la philosophie, je les ai aussi publiés[3]. Et j'en ai divisé le livre en quatre parties, dont la première contient les principes de la connaissance, qui est ce qu'on peut nommer la première philosophie, ou bien la métaphysique; c'est pourquoi, afin de la bien entendre, il est à propos de lire auparavant les Méditations que j'ai écrites sur le même sujet. Les trois autres parties contiennent tout ce qu'il y a de plus général en la physique, à savoir: l'explication des premières lois ou des principes de la nature, et la façon dont les cieux, les étoiles fixes, les planètes, les comètes, et généralement tout l'univers est composé; puis en particulier la nature

viner par intuition les causes des phénomènes. Il a le mérite d'avoir donné le premier dans cet ouvrage la véritable explication de l'arc-en-ciel. (*Discours* VIIIe, t. V, édit. Cousin, p. 265 et suiv.)

[1] Le *Traité de Géométrie* était, sans contredit, le meilleur de ces trois traités. Descartes inventa l'usage des exposants, et facilita immensément les calculs algébriques par la simplicité et la clarté de la notation nouvelle. Il arriva ainsi à sa grande découverte de l'application de l'algèbre à la géométrie, qui fit faire aux sciences exactes de si rapides progrès.

[2] Le livre des *Méditations*, touchant la philosophie première, ne contenait que six méditations, qui ne dépassaient guère une centaine de pages. Mais les objections et les réponses forment plus d'un volume de l'édition de M. Cousin (t. I et t. II).

[3] Les *Méditations* avaient paru en latin à Paris (1641), par conséquent trois ans avant les *Principes de la philosophie*, qui sont de 1644.

de cette terre, et de l'air, de l'eau, du feu, de l'aimant, qui sont les corps qu'on peut trouver le plus communément partout autour d'elle et de toutes les qualités qu'on remarque en ces corps, comme sont la lumière, la chaleur, la pesanteur et semblables; au moyen de quoi je pense avoir commencé à expliquer toute la philosophie par ordre, sans avoir omis aucune des choses qui doivent précéder les dernières dont j'ai écrit.

Mais, afin de conduire ce dessein jusqu'à sa fin, je devrais ci-après expliquer en même façon la nature de chacun des autres corps plus particuliers qui sont sur la terre, à savoir des minéraux, des plantes, des animaux, et principalement de l'homme, puis enfin traiter exactement de la médecine [1], de la morale [2], et des mécaniques. C'est ce qu'il faudrait

[1] Descartes s'occupa beaucoup de médecine et d'anatomie. Il se crut assez fort en médecine pour arriver à rendre la vie des hommes égale à celle des patriarches. « Je n'ai jamais eu tant de soin, écrit-il le 18 février 1638 à M. Zuitlychin, de me conserver que maintenant; et au lieu que je pensais autrefois que la mort ne me pût ôter que trente ou quarante ans tout au plus, elle ne saurait désormais me surprendre, qu'elle ne m'ôtât l'espérance de plus d'un siècle; car il me semble voir très évidemment que si nous nous gardions seulement de certaines fautes que nous avons coutume de commettre au régime de notre vie, nous pourrions, sans autres inventions, parvenir à une vieillesse beaucoup plus longue et plus heureuse que nous ne faisons. » (Édit. Cousin, t. VII, p. 412-413.) A la vérité, il ne conserva pas cette illusion jusqu'à la fin de ses jours. Huit ans après, le 15 juin 1646, il écrivait à son ami M. Chanut, notre ambassadeur en Suède : « Je vous dirai, en confidence, que la notion telle quelle de la physique, que j'ai tâché d'acquérir, m'a grandement servi pour établir des fondements certains en la morale, et que je me suis plus aisément satisfait en ce point qu'en plusieurs autres touchant la médecine, auxquels j'ai néanmoins employé beaucoup plus de temps. De façon qu'au lieu de trouver les moyens de conserver la vie, j'en ai trouvé un autre bien plus aisé et plus sûr, qui est de ne pas craindre la mort. (*Lettres*, t. IX, p. 412.) Saint-Évremond dit qu'en Hollande les amis de Descartes croyaient qu'il avait trouvé le secret de prolonger indéfiniment l'existence humaine. L'abbé Picot, le traducteur des *Principes*, en était si convaincu, que, quand on lui annonça la mort de son maître, il ne voulut pas y croire. L'expérience avait donné un cruel démenti aux prétentions du philosophe. Il ne vécut que cinquante-trois ans, dix mois, onze jours.

[2] Descartes n'a point écrit de *Traité de morale*. Sur la fin de sa

que je fisse pour donner aux hommes un corps de philosophie tout entier ; et je ne me sens point encore si vieil, je ne me défie point tant de mes forces, je ne me trouve pas si éloigné de la connaissance de ce qui reste, que je n'osasse entreprendre d'achever ce dessein, si j'avais la commodité de faire toutes les expériences dont j'aurais besoin pour appuyer et justifier mes raisonnements. Mais, voyant qu'il faudrait pour cela de grandes dépenses, auxquelles un particulier comme moi ne saurait suffire s'il n'était aidé par le public, et ne voyant pas que je doive attendre cet aide, je crois devoir dorénavant me contenter d'étudier pour mon instruction particulière, et que la postérité m'excusera si je manque à travailler désormais pour elle.

Cependant, afin qu'on puisse voir en quoi je pense lui avoir déjà servi, je dirai ici quels sont les fruits que je me persuade qu'on peut tirer de mes principes. Le premier est la satisfaction qu'on aura d'y trouver plusieurs vérités qui ont été ci-devant ignorées ; car bien que souvent la vérité ne touche pas tant notre imagination que ne font les faussetés et les feintes à cause qu'elle paraît moins admirable et plus simple, toutefois le contentement qu'elle donne est toujours plus durable et plus solide. Le second fruit est qu'en étudiant ces principes, on s'accoutumera peu à peu à mieux juger de toutes les choses qui se rencontrent, et ainsi à être plus sage : en quoi ils auront un effet contraire à celui de la philosophie commune ; car on peut aisément remarquer en ceux qu'on appelle pédants[1], qu'elle les rend moins capables de raison

carrière, il était découragé par le peu d'intérêt que le public prenait à ses publications, par les réclamations de ses libraires qui se plaignaient de ne pas vendre ses ouvrages, par les attaques de ses adversaires qui calomniaient ses intentions. On peut considérer son *Traité des passions* comme une ébauche de ce grand sujet.

[1] Si la philosophie scolastique produisit cet effet sur des esprits mal faits, il n'en était pas de même sur les hommes de génie qui l'ont cultivée, ni même sur les intelligences ordinaires qui en étudièrent les principes.

qu'ils ne seraient, s'ils ne l'avaient jamais apprise. Le troisième est que les vérités qu'ils contiennent, étant très claires et très certaines, ôteront tous sujets de dispute[1], et ainsi disposeront les esprits à la douceur et à la concorde : tout au contraire des controverses de l'école, qui, rendant insensiblement ceux qui les apprennent plus pointilleux et plus opiniâtres, sont peut-être la première cause des hérésies et des dissensions qui travaillent maintenant le monde. Le dernier et le principal fruit de ces principes est qu'on pourra en les cultivant, découvrir plusieurs vérités que je n'ai point expliquées, ainsi passant peu à peu des unes aux autres, acquérir avec le temps une parfaite connaissance de toute la philosophie, et monter au plus haut degré de la sagesse. Car comme on voit en tous les arts que bien qu'ils soient au commencement rudes et imparfaits, toutefois, à cause qu'ils contiennent quelque chose de vrai et dont l'expérience montre l'effet, ils se perfectionnent peu à peu par l'usage : ainsi, lorsqu'on a de vrais principes en philosophie, on ne peut manquer en les suivant de rencontrer parfois d'autres vérités ; et on ne saurait mieux prouver la fausseté de ceux d'Aristote, qu'en disant qu'on n'a su faire aucun progrès par leur moyen depuis plusieurs siècles qu'on les a suivis[2].

Je sais bien qu'il y a des esprits qui se hâtent tant et qui usent de si peu de circonspection en ce qu'ils font,

[1] Sous ce rapport, Descartes s'est fait grandement illusion. Le libre examen qu'il proclamait devait amener, au contraire, entre ses disciples eux-mêmes, les dissentiments les plus profonds. Pascal, Port-Royal, Bossuet et Fénelon acceptèrent dans une certaine mesure sa doctrine, mais ils ne furent pas pour cela si parfaitement d'accord entre eux. Malebranche et Spinoza sont tous les deux cartésiens, et cependant il n'y a rien de plus opposé que leurs systèmes.

[2] Ce que dit ici Descartes, on le trouve dans Bacon et son école, dans Gassendi, dans Port-Royal, et, en général, chez tous les ennemis de la scolastique. La réaction, à force d'être extrême, devenait injuste. Les travaux de nos contemporains sur Aristote et la philosophie ancienne ont montré les services que l'humanité en avait reçus.

que, même ayant des fondements bien solides, ils ne sauraient rien bâtir d'assuré. Et pour ce que ce sont d'ordinaire ceux-là qui sont les plus prompts à faire des livres, ils pourraient en peu de temps gâter tout ce que j'ai fait, et introduire l'incertitude et le doute en ma façon de philosopher, d'où j'ai soigneusement tâché de les bannir, si on recevait leurs écrits comme miens, ou comme remplis de mes opinions. J'en ai vu depuis peu l'expérience en l'un de ceux qu'on a le plus cru me vouloir suivre [1], et même duquel j'avais écrit en quelque endroit que je m'assurais tant sur son esprit, que je ne croyais pas qu'il eût aucune opinion que je ne voulusse bien avouer pour mienne : car il publia l'année passée un livre intitulé : *Fundamenta physicæ* [2], où, encore qu'il semble n'avoir rien mis touchant la physique et la médecine qu'il n'ait tiré de mes écrits, tant de ceux que j'ai publiés que d'un

[1] Ce disciple rebelle est Henri Leroy ou Duroy, en latin *Regius*, né à Utrecht en 1598, et mort en 1679. Il était professeur de médecine dans sa ville natale, et il fut un des premiers à soutenir la circulation du sang, qu'un médecin anglais, Harvey, avait découverte en 1628. Régius fut d'abord un partisan enthousiaste de la doctrine de Descartes, et un interprète si fidèle de la pensée du maître, qu'on disait que, d'après l'illustre philosophe lui-même, il n'y avait dans le monde qu'un homme, qui était le médecin Régius, et une fille, qui était la princesse Élisabeth, qui entendissent sa philosophie. (Baillet, *Vie de Descartes*, t. II, p. 232.) Régius secoua ensuite le joug du maître, et s'écarta de son enseignement sur un point essentiel, la distinction des deux substances. Il prétendit que l'âme raisonnable pouvait être un *mode* d'un corps aussi bien qu'une substance, qui serait réellement distinguée (Baillet, *Vie de Descartes*, t. II, p. 270), et s'obstina dans cette erreur, qui était en opposition avec une des vérités fondamentales que Descartes avait établies dans le *Discours de la Méthode*, les *Méditations* et les *Principes de la philosophie*.

[2] Le livre de Régius parut en 1646. Il l'avait d'abord soumis à Descartes, mais il refusa d'y faire les corrections que le maître lui avait indiquées. Il lui fit même une réponse assez insolente, le 6 juillet 1645. Le 23 du même mois, Descartes le désavoua publiquement, et le schisme fut consommé. En février 1648, Descartes censura par écrit les opinions de Régius sur l'esprit humain ou l'âme raisonnable, afin, dit Baillet, que les erreurs de ce premier schismatique de sa secte ne lui fussent pas imputées par ceux qui s'obstinaient à le regarder comme son disciple.

autre encore imparfait touchant la nature des animaux, qui lui est tombé entre les mains; toutefois, à cause qu'il a mal transcrit et changé l'ordre, et nié quelques vérités de métaphysique, sur qui toute la physique doit être appuyée, je suis obligé de le désavouer entièrement, et de prier ici les lecteurs, qu'ils ne m'attribuent jamais aucune opinion s'ils ne la trouvent expressément en mes écrits; et qu'ils n'en reçoivent aucune pour vraie, ni dans mes écrits ni ailleurs, s'ils ne la voient très clairement être déduite des vrais principes.

Je sais bien aussi qu'il pourra se passer plusieurs siècles avant qu'on ait ainsi déduit de ces principes toutes les vérités qu'on en peut déduire; tant parce que la plupart de celles qui restent à trouver dépendent de quelques expériences particulières qui ne se rencontreront jamais par hasard, mais qui doivent être cherchées avec soin et dépense par des hommes fort intelligents, que parce qu'il arrivera difficilement que les mêmes qui auront l'adresse de s'en bien servir aient le pouvoir de les faire, et parce aussi que la plupart des meilleurs esprits ont conçu une si mauvaise opinion de toute la philosophie, à cause des défauts qu'ils ont remarqués en celle qui a été jusques à présent en usage, qu'ils ne pourront jamais se résoudre, s'appliquer à en chercher une meilleure.

Mais si enfin, la différence qu'ils verront entre ces principes et tous ceux des autres, et la grande suite des vérités qu'on en peut déduire, leur fait connaître combien il est important de continuer en la recherche de ces vérités, et jusques à quel degré de sagesse, à quelle perfection de vie, et à quelle félicité elles peuvent conduire, j'ose croire qu'il n'y en aura cas un qui ne tâche de s'employer à une étude si profitable, ou du moins qui ne favorise et ne veuille aider de tout son pouvoir ceux qui s'y emploieront avec fruit. Je souhaite que nos neveux en voient le succès, etc.

ANALYSE

DE LA

PREMIÈRE PARTIE DES PRINCIPES

DE LA PHILOSOPHIE

Dans cette première partie, consacrée à la métaphysique, Descartes traite cinq questions : 1° la certitude ; 2° l'existence de Dieu et ses attributs ; 3° de l'âme ; 4° de la distinction de l'âme et du corps ; 5° des causes de nos erreurs.

1° Pour arriver à la certitude, il faut commencer par douter de toutes les connaissances que nous avons acquises et les rejeter même comme fausses. Nous devons mettre en réserve les principes de religion et de morale qui nous sont nécessaires pour nous conduire, mais douter des choses sensibles et des démonstrations de mathémathiques, tenant pour suspectes nos facultés elles-mêmes, attendu que nous ne savons pas si nous sommes à l'état de veille ou si parfois nous ne serions pas dupes d'un être supérieur, qui serait méchant et qui prendrait plaisir à nous tromper (1-6).

Mais, tout en doutant de tout, nous ne pouvons douter de notre pensée, puisque le doute est lui-même une pensée. Nous ne pouvons non plus douter de notre existence, parce que l'existence est impliquée dans la pensée, et que l'une de ces vérités est clairement contenue dans l'autre. D'où nous devons conclure que toutes les fois qu'une chose sera clairement contenue dans une autre, nous devrons l'affirmer de cette chose sans crainte de nous tromper.

Tel est le principe de logique certain et évident qui résulte de notre doute lui-même (7-12).

2° Comme notre pensée implique notre existence ; je pense, donc je suis : de même l'existence de Dieu est impliquée dans l'idée que nous en avons.

Nous sommes donc sûrs de son existence comme nous sommes sûrs de la nôtre (13-15).

Si nous existons, tout imparfaits que nous sommes, il est nécessaire qu'il y ait un être qui renferme d'une manière absolue toutes les perfections qui sont en nous.

Comme nous ne pouvons pas être cause de nous-mêmes, il faut que cet être infiniment parfait nous ait fait tout ce que nous sommes.

Notre existence est une preuve de la sienne; par conséquent, en affirmant que nous existons, nous affirmons du même coup qu'il existe lui-même (16-21).

Ses attributs se déduisent de sa nature. Par là même qu'il est infiniment parfait, il ne peut être corporel, il connaît, mais non à l'aide des sens, et il n'est point auteur du péché.

Il est tout-puissant et souverainement vrai, par conséquent nous devons croire tout ce qu'il nous a révélé, encore que ces choses soient au-dessus de la portée de notre esprit.

Il est infini, et il ne nous est pas possible de le comprendre. L'infini diffère infiniment de l'indéfini, qui n'est qu'une sorte de fini.

Dieu étant souverainement vrai ne peut être la cause de nos erreurs. Nos erreurs, qui sont par rapport à nous des défauts et des privations, ne sont par rapport à lui que des négations.

Sa véracité ne nous permet pas de nous défier des facultés qu'il nous a données. Par conséquent nous devons croire que tout ce que nous connaissons clairement est vrai; ce qui nous ramène au principe de logique que nous avons établi précédemment (22-32).

3° Il y a en nous deux sortes de pensées: la perception de l'entendement et l'action de la volonté.

C'est à la volonté qu'il appartient de juger. Nos erreurs proviennent de ce que la volonté a plus d'étendue que l'entendement, et qu'elle peut par conséquent aller au delà de ce que nous voyons clairement et distinctement.

La volonté est libre, et le libre arbitre est la principale perfection de l'homme. Néanmoins, c'est en vertu de notre libre arbitre que nous arrivons à nous tromper, malgré le désir que nous aurions de ne faillir jamais.

Si nous nous en tenions à la perception claire et distincte des choses, nous nous soustrairions aux préjugés de notre enfance et à tous les jugements faux que nous faisons, et nous ne nous tromperions jamais (33-50).

4° Si nous faisons l'application de ces principes aux choses existantes, nous reconnaîtrons l'existence de la substance.

Ce mot convient à Dieu, mais il convient aussi aux créatures, à l'âme et au corps.

Les substances se distinguent par leur attribut principal ou leur essence. La pensée est l'essence de l'âme, et l'étendue l'essence du corps.

Parmi les attributs, il y en a de réels qui appartiennent aux choses, mais il y en a de purement rationnels qui ne dépendent que de notre pensée.

A ces deux distinctions, Descartes ajoute la distinction modale.

Dans la pensée, il distingue la notion que nous avons des sentiments, des affections et des appétits, de celle que nous avons de l'entendement et de ses principes.

Ces dernières notions sont claires et distinctes dans notre esprit, mais les premières sont obscures et confuses.

De même pour les corps, il faut distinguer les figures de la couleur, les qualités premières des qualités secondaires.

Les idées que nous avons des premières sont claires et distinctes, tandis que nous n'avons des secondes que des notions obscures et confuses (51-70).

5° Pour éviter les erreurs auxquelles nous sommes exposés, il faut nous soustraire aux préjugés de notre enfance, oublier les impressions qu'ils ont produites en nous, apporter la plus grande attention aux choses que nous jugeons, et ne pas nous laisser séduire et égarer par des mots qui ne rendent pas exactement nos pensées.

Au milieu de toutes ces spéculations métaphysiques, nous devons préférer l'autorité divine à nos raisonnements, et ne rien croire de contraire à ce qui a été révélé (70-76).

Descartes traite des corps et de leurs lois dans la deuxième partie de cet ouvrage.

LES PRINCIPES
DE LA PHILOSOPHIE

PREMIÈRE PARTIE

DES PRINCIPES DE LA CONNAISSANCE HUMAINE[1]

I

Que, pour examiner la vérité, il est besoin une fois en sa vie de mettre toutes choses en doute, autant qu'il se peut.

Comme nous avons été enfants avant que d'être hommes, et que nous avons jugé tantôt bien et tantôt mal des choses qui se sont présentées à nos sens, lorsque nous n'avions pas encore l'usage entier de notre raison, plusieurs jugements ainsi précipités nous empêchent de parvenir à la connaissance de la vérité, et nous préviennent de telle sorte, qu'il n'y a point d'apparence que nous puissions nous en délivrer, si nous n'entreprenons de douter, une fois en notre vie[2], de toutes les choses où nous trouverons le moindre soupçon d'incertitude[3].

[1] C'est ce que Descartes appelle la métaphysique ou la Première philosophie.

[2] Descartes commença à travailler à sa *Métaphysique* en 1629. Il publia son *Discours de la Méthode* en juin 1637. Il nous dit qu'après avoir renversé l'édifice de ses connaissances, il mit neuf ans pour le reconstruire. (*Discours de la Méthode*, p. 156, édit. de M. Cousin.) C'est à cette édition que nous renverrons constamment dans nos notes.

[3] Descartes ne doute pas pour douter, comme les sceptiques, mais

II

Qu'il est utile aussi de considérer comme fausses toutes les choses dont on peut douter.

Il sera même fort utile que nous rejetions comme fausses toutes celles où nous pourrons imaginer le moindre doute [1], afin que si nous en découvrons quelques-unes qui, nonobstant cette précaution, nous semblent manifestement vraies, nous fassions état qu'elles sont aussi très certaines, et les plus aisées [2] qu'il est possible de connaître.

III

Que nous ne devons point user de ce doute pour la conduite de nos actions.

Cependant il est à remarquer que je n'entends point que nous nous servions d'une façon de douter si générale, sinon lorsque nous commençons à nous appliquer à la contemplation de la vérité. Car il est certain qu'en ce qui regarde la conduite de notre vie [3], nous sommes obligés

il croit qu'il faut passer par le doute pour arriver à la certitude. Le doute est pour lui un moyen, un procédé, et c'est ce qui fait qu'on l'a appelé le *doute méthodique.*

[1] « Il ne sera pas nécessaire que je montre qu'elles sont toutes fausses, de quoi peut-être je ne viendrais jamais à bout. Ce me sera assez pour les rejeter toutes, si je puis trouver en chacune quelque raison de douter. » (*Ire Méditation*, p. 236.) C'est le moyen le plus expéditif et le plus radical pour renverser tout l'édifice.

[2] Ce sont les plus aisées à connaître, parce qu'elles sont les plus simples et qu'elles sont évidentes par elles-mêmes. Descartes veut que ces notions soient le point de départ de la connaissance. (Règle Ve.) Il faut ramener graduellement les propositions embarrassées et obscures à de plus simples, et ensuite partir de l'intuition de ces dernières pour arriver par les mêmes degrés à la connaissance des autres. (Voir le développement de cette règle et de la règle VIe dans les *Règles pour la direction de l'esprit*, édit. Cousin, t. XI, p. 225 et suiv.)

[3] Descartes veut qu'on mette en

de suivre bien souvent des opinions qui ne sont que vraisemblables, à cause que les occasions d'agir en nos affaires se passeraient presque toujours avant que nous pussions nous délivrer de tous nos doutes. Et lorsqu'il s'en rencontre plusieurs de telles sur un même sujet, encore que nous n'apercevions peut-être pas davantage de vraisemblance aux unes qu'aux autres, si l'action ne souffre aucun délai, la raison veut que nous en choisissions une, et qu'après l'avoir choisie nous la suivions constamment, de même que si nous l'avions jugée très certaine.

IV

Pourquoi on peut douter de la vérité des choses sensibles.

Mais, d'autant que nous n'avons point maintenant d'autre dessein que de vaquer à la recherche de la vérité, nous douterons en premier lieu, si, de toutes les choses qui sont tombées sous nos sens ou que nous avons jamais imaginées [1], il y en a quelques-unes qui soient véritablement dans le monde; tant à cause que nous savons par expérience que nos sens nous ont trompés en plusieurs rencontres, et qu'il y aurait de l'imprudence de nous trop fier à ceux qui nous ont trompés, quand même ce n'aurait été qu'une fois; comme aussi à cause que nous songeons presque toujours en dormant, et que pour lors il nous semble que nous sentons vivement, et que nous ima-

réserve et qu'on soustraie à ce doute purement scientifique les principes pratiques de la religion et de la morale, qui doivent présider à la conduite de la vie. « Afin que je ne demeurasse point irrésolu en mes actions, je me formai une morale par provision, qui ne consistait qu'en trois ou quatre maximes. La première était d'obéir aux lois et aux coutumes de mon pays, retenir constamment la religion en laquelle Dieu m'a fait la grâce d'être instruit dès mon enfance. » (V. *Discours de la Méthode*, IIIe part., p. 146 et suiv.)

[1] D'après Descartes nous ne possédons, indépendamment de l'intelligence, que deux moyens de connaître : l'imagination et les sens. (V. *Règles pour la direction de l'esprit*, p. 248.) Or ces deux facultés sont deux sources d'erreur.

ginons clairement une infinité de choses qui ne sont point ailleurs ; et que lorsqu'on est ainsi résolu à douter de tout, il ne reste plus de marque par où on puisse savoir si les pensées qui viennent en songe[1] sont plutôt fausses que les autres.

V

Pourquoi on peut aussi douter des démonstrations de mathématique.

Nous douterons aussi de toutes les autres choses qui nous ont semblé autrefois très certaines, même des démonstrations de mathématique et de ses principes, encore que d'eux-mêmes ils soient assez manifestes, à cause qu'il y a des hommes qui se sont mépris en raisonnant sur de telles matières, mais principalement par ce que nous avons ouï dire que Dieu, qui nous a créés, peut faire tout ce qu'il lui plaît[2], et que nous ne savons pas encore si peut-être il a voulu nous faire tels que nous soyons toujours trompés, même dans les choses que nous pensons le mieux connaître ; car puisqu'il a bien permis que nous nous soyons trompés quelquefois, ainsi qu'il a été déjà remarqué, pourquoi ne pourrait-il pas permettre que nous nous trompions toujours? Et si nous voulons feindre qu'un Dieu tout-puissant n'est point auteur de notre être, et que nous subsistons par nous-mêmes, ou par quelque autre moyen, de ce que nous supposerons cet auteur moins puissant, nous

[1] « Je vois si manifestement qu'il n'y a point d'indices certains par où l'on puisse distinguer nettement la veille d'avec le sommeil, que j'en suis tout étonné, et mon étonnement est tel, qu'il est presque capable de me persuader que je dors. » (*Ire Méditation*, p. 238.) D'après Descartes, ce que nous appelons l'état de veille pourrait être un second sommeil, dans lequel nous serions dupes des mêmes illusions que dans le premier.

[2] D'après Descartes, Dieu pourrait changer l'essence des choses, sauf dans l'ordre moral, où il ne peut pas troubler la distinction essentielle du bien et du mal. (V. l'*Introduction*, p. 21 et 33.) C'est pour cela qu'il dit que les vérités mathématiques ne sont pas plus certaines que les autres. « Que sais-je s'il n'a point fait que je me trompe aussi, toutes les fois que je fais l'addition de deux et de trois, et que je nombre les côtés d'un carré? » (*Ire Méditation*, p. 241.)

aurons toujours d'autant plus de sujet de croire que nous ne sommes pas si parfaits, que nous ne puissions être continuellement abusés.

VI

Que nous avons un libre arbitre qui fait que nous pouvons nous abstenir de croire les choses douteuses, et ainsi nous empêcher d'être trompés.

Mais quand celui qui nous a créés serait tout-puissant, et quand même il prendrait plaisir à nous tromper[1], nous ne laissons pas d'éprouver en nous une liberté[2], qui est telle, que, toutes les fois qu'il nous plaît, nous pouvons nous abstenir de recevoir en notre croyance les choses que nous ne connaissons pas bien, et ainsi nous empêcher d'être jamais trompés.

VII

Que nous ne saurions douter sans être, et que cela est la première connaissance certaine qu'on peut acquérir.

Pendant que nous rejetons en cette sorte tout ce dont nous pouvons douter le moins du monde, et que nous feignons même qu'il est faux, nous supposons facilement qu'il n'y a point de Dieu, ni de ciel, ni de terre, et que nous n'avons point de corps ; mais nous ne saurions supposer de même que nous ne sommes point[3], pendant que nous doutons de

[1] Quand même, au lieu d'être bon, il serait méchant, suivant l'hypothèse que fit Descartes dans sa Ire *Méditation*, où, pour se confirmer dans son doute, il suppose que « nous pourrions être sous l'influence d'un mauvais génie, non moins rusé et trompeur que puissant, qui emploierait toute son industrie à nous tromper ». (p. 243.)

[2] Cette liberté fait que nous pouvons donner notre assentiment à une proposition quelconque, ou la refuser. Dans le système de Descartes, tous les jugements sont volontaires. Nous verrons plus loin cette théorie.

[3] Notre existence est la première notion certaine dont il nous soit impossible de douter. « Après y avoir bien pensé et avoir soigneu-

la vérité de toutes ces choses; car nous avons tant de répugnance à concevoir que ce qui pense n'est pas véritablement au même temps qu'il pense [1], que, nonobstant toutes les plus extravagantes suppositions, nous ne saurions nous empêcher de croire que cette conclusion, *je pense, donc je suis* [2], ne soit vraie, et par conséquent la première et la plus certaine qui se présente à celui qui conduit ses pensées par ordre.

VIII

Qu'on connaît aussi ensuite la distinction qui est entre l'âme et le corps

Il me semble aussi que ce biais est tout le meilleur que nous puissions choisir pour connaître la nature de l'âme, et qu'elle est une substance entièrement distincte du corps; car examinant ce que nous sommes, nous qui sommes persuadés maintenant qu'il n'y a rien hors de notre pensée qui soit véritablement, ou qui existe, nous connaissons manifestement que, pour être, nous n'avons pas besoin d'extension, de figure, d'être en aucun lieu, ni d'aucune autre semblable chose qu'on peut attribuer au corps, et que nous sommes par cela seul que nous pensons, et par conséquent que la notion que nous avons de notre âme ou de notre pensée précède celle que nous avons du corps [3], et

sement examiné toutes choses, il faut conclure et tenir pour constant que cette proposition, *je suis, j'existe*, est nécessairement vraie, toutes les fois que je la prononce ou que je la conçois dans mon esprit. » (*IIe Méditation*, p. 248.)

[1] La pensée implique l'existence de telle sorte qu'il répugne d'admettre que ce qui pense n'existe pas.

[2] Ce raisonnement n'est pas un enthymème ou un syllogisme déductif abrégé. La pensée et l'existence sont deux idées que l'intelligence saisit intuitivement, parce qu'elle voit l'une renfermée dans l'autre.

[3] Il n'y a rien dont l'existence nous soit connue antérieurement à la pensée. Descartes distingue deux espèces de principes, les uns purement logiques, comme les axiomes : ce sont les conditions générales de la démonstration; les autres métaphysiques, qui nous font connaître des existences réelles. Telle est la pensée. La pensée est un principe, en ce sens qu'il n'y a rien qui soit connu avant elle, ni qui soit plus certain.

qu'elle est plus certaine [1], vu que nous doutons encore qu'il y ait au monde aucun corps, et que nous savons certainement que nous pensons.

IX

Ce que c'est que penser.

Par le mot de penser, j'entends tout ce qui se fait en nous de telle sorte que nous l'apercevons immédiatement par nous-mêmes; c'est pourquoi non seulement entendre, vouloir, imaginer, mais aussi sentir, est la même chose ici que penser [2]. Car si je dis que je vois ou que je marche, et que j'infère de là que je suis, si j'entends parler de l'action qui se fait avec mes yeux ou avec mes jambes, cette conclusion n'est pas tellement infaillible, que je n'aie quelque sujet d'en douter, à cause qu'il se peut faire que je pense voir ou marcher, encore que je n'ouvre point les yeux, et que je ne bouge de ma place; car cela m'arrive quelquefois en dormant, et le même pourrait peut-être m'arriver encore que je n'eusse point de corps; au lieu que si j'entends parler seulement de l'action de ma pensée, ou du sentiment, c'est-à-dire de la connaissance qui est en moi, qui fait qu'il me semble que je vois ou que je marche, cette même conclusion est si absolument vraie, que je n'en puis douter, à cause qu'elle se rapporte à

[1] Descartes développe cette pensée dans la dernière partie de la *IIe Méditation*. Son raisonnement revient à dire que les corps ne nous sont connus que par l'entendement, au moyen des sens ou de l'imagination, qui sont trompeurs, tandis que l'âme nous est connue par la conscience, qui ne peut nous tromper relativement à ce qui se passe en nous et à ce que nous sommes. (V. l'*Introduction*, p. 32.)

[2] La pensée, d'après Descartes, c'est l'âme, c'est le *moi*, c'est la conscience avec tout ce qu'elle aperçoit en elle-même. « Par le nom de *pensée*, je comprends tout ce qui est tellement en nous, que nous l'apercevons immédiatement par nous-mêmes, et en avons une connaissance intérieure : ainsi, toutes les opérations de la volonté, de l'entendement, de l'imagination et des sens sont des pensées. » (*Réponse aux secondes objections*, p. 451.)

l'âme, qui seule a la faculté de sentir, ou bien de penser en quelqu'autre façon que ce soit.

X

Qu'il y a des notions d'elles-mêmes si claires, qu'on les obscurcit en les voulant définir à la façon de l'école, et qu'elles ne s'acquièrent point par étude, mais naissent avec nous.

Je n'explique pas ici plusieurs autres termes dont je me suis déjà servi, et dont je fais état de me servir ci-après [1], car je ne pense pas que, parmi ceux qui liront mes écrits, il s'en rencontre de si stupides qu'ils ne puissent entendre d'eux-mêmes ce que ces termes signifient. Outre que j'ai remarqué que les philosophes, en tâchant d'expliquer par les règles de leur logique des choses qui sont manifestes d'elles-mêmes, n'ont rien fait que les obscurcir; et lorsque j'ai dit que cette proposition, *je pense, donc je suis*, est la première et la plus certaine qui se présente à celui qui conduit ses pensées par ordre, je n'ai pas pour cela nié qu'il ne fallût savoir auparavant ce que c'est que pensée, certitude, existence [2], et que pour penser il faut être, et

[1] On ne peut pas tout définir; car on ne peut expliquer un mot que par d'autres mots. « Par conséquent, si l'on voulait, dit Locke, expliquer tous les mots, cela irait à l'infini. » (*Essais*, III, IV.) « On ne peut tout définir ni tout prouver, dit Pascal, car il est évident que les premiers termes qu'on voudrait définir en supposeraient de précédents, pour servir à leur explication, et que de même les premières propositions qu'on voudrait prouver en supposeraient d'autres qui les précédassent; et ainsi il est clair qu'on n'arriverait jamais aux premières. Il faut donc qu'on arrive à des mots primitifs qu'on ne peut plus définir, et à des principes si clairs, qu'on n'en trouve plus qui le soient davantage pour servir à leur preuve. » (*De l'esprit géométrique*, sect. Ire, *ad init.*)

[2] Au nombre des choses qui sont en elles-mêmes parfaitement claires, et qui peuvent être connues par elles-mêmes, il faut mettre le doute, la pensée, l'existence. « Je ne pense pas qu'il ait jamais existé quelqu'un d'assez stupide pour avoir eu besoin d'apprendre ce que c'est que l'existence, avant de pouvoir conclure et affirmer qu'il est; il en est de même de la pensée et du doute. J'ajoute même qu'il ne peut se faire qu'on apprenne ces choses autrement que de soi-même, et qu'on en soit persuadé autrement

autres choses semblables ; mais, à cause que ce sont là des notions si simples, que d'elles-mêmes elles ne nous font avoir la connaissance d'aucune chose qui existe, je n'ai pas jugé qu'elles dussent être mises ici en compte.

XI

Comment nous pouvons plus clairement connaître notre âme que notre corps.

Or, afin de savoir comment la connaissance que nous avons de notre pensée précède celle que nous avons du corps, et qu'elle est incomparablement plus évidente, et telle qu'encore qu'il ne fût point, nous aurions raison de conclure qu'elle ne laisserait pas d'être tout ce qu'elle est ; nous remarquerons qu'il est manifeste, par une lumière qui est naturellement en nos âmes [1], que le néant n'a aucunes qualités ni propriétés qui lui appartiennent, et, qu'où nous en apercevons quelques-unes, il se doit trouver nécessairement une chose ou substance [2] dont elles dépendent. Cette même lumière nous montre aussi que nous connaissons d'autant mieux une chose ou substance, que nous remarquons en elle davantage de propriétés [3]. Or il est certain que nous en remarquons beaucoup plus en notre pensée qu'en aucune autre chose que

que par sa propre expérience, et par cette conscience et ce témoignage intérieur que chacun trouve en lui-même quand il examine les choses. » (Descartes, *Recherche de la vérité par les lumières naturelles*, édit. Cousin, t. XI, p. 370.)

[1] Cette lumière naturelle qui est en nous, n'est rien autre chose que la raison primitive que Descartes oppose aux lumières acquises de la science, lumières qu'il tient pour suspectes, et qu'il accuse de créer et d'entretenir en nous une foule de préjugés.

[2] C'est un axiome ontologique : le phénomène suppose le noumène ; la manière d'être (*qualitas*), l'être ; l'accident, la substance.

[3] Le noumène, ou la substance, n'étant connue que par ses manifestations ou phénomènes, et ces phénomènes faisant connaître ses propriétés, on connaît d'autant mieux la substance, qu'on connaît un plus grand nombre de ses propriétés.

ce puisse être, d'autant qu'il n'y a rien qui nous fasse connaître quoi que ce soit, qui ne nous fasse encore plus certainement connaître notre pensée. Par exemple, si je me persuade qu'il y a une terre, à cause que je la touche ou que je la vois : de cela même, par une raison encore plus forte, je dois être persuadé que ma pensée est ou existe, à cause qu'il se peut faire que je pense toucher la terre, encore qu'il n'y ait peut-être aucune terre au monde ; et qu'il n'est pas possible que moi, c'est-à-dire mon âme, ne soit rien pendant qu'elle a cette pensée [1] ; nous pouvons conclure le même de toutes les autres choses qui nous viennent en la pensée, à savoir, que nous qui les pensons, existons, encore qu'elles soient peut-être fausses, ou qu'elles n'aient aucune existence.

XII

D'où vient que tout le monde ne la connait pas en cette façon.

Ceux qui n'ont pas philosophé par ordre ont eu d'autres opinions sur ce sujet [2], pour ce qu'ils n'ont jamais distingué assez soigneusement leur âme, ou ce qui pense, d'avec le corps, ou ce qui est étendu en longueur, largeur et profondeur. Car, encore qu'ils ne fissent point difficulté de croire qu'ils étaient dans le monde, et qu'ils en eussent une assurance plus grande que d'aucune autre chose [3] ;

[1] Pour Descartes, l'esprit se voit lui-même comme une réalité première que toutes les autres réalités supposent. « Je ne puis croire, dit-il, à aucune réalité, si je ne crois pas avant tout à la réalité de ma pensée et de mon âme. Je connais l'existence de mon âme par une perception intime, qui est une véritable intuition antérieure à tout raisonnement. Cette perception est un fait de conscience dont je ne puis douter, quand même je douterais de tout ce que je m'imagine ou me persuade sur la terre, sur les corps et sur toute autre chose quelconque. »

[2] Les philosophes que Descartes a ici en vue sont les péripatéticiens. Ils prenaient pour base de la certitude le témoignage des sens, l'expérience, l'expérimentation, et, en suivant un ordre opposé à celui de Descartes, ils mettaient le corps avant l'esprit, ce qui est certainement plus exact et plus naturel.

[3] Les matérialistes ne reconnaissent pas d'autre certitude que la certi-

néanmoins, comme ils n'ont pas pris garde que par eux, lorsqu'il était question d'une certitude métaphysique, ils devaient entendre seulement leur pensée[1], et qu'au contraire ils ont mieux aimé croire que c'était leur corps qu'ils voyaient de leurs yeux, qu'ils touchaient de leurs mains[2], et auquel ils attribuaient mal à propos la faculté de sentir, ils n'ont pas connu distinctement la nature de leur âme.

XIII

En quel sens on peut dire que si on ignore Dieu, on ne peut avoir de connaissance certaine d'aucune autre chose.

Mais lorsque la pensée, qui se connaît soi-même en cette façon, nonobstant qu'elle persiste encore à douter des autres choses, use de circonspection pour tâcher d'étendre sa connaissance plus avant, elle trouve en soi, premièrement, les idées de plusieurs choses; et pendant qu'elle les contemple simplement, et qu'elle n'assure pas qu'il y ait rien hors de soi qui soit semblable à ces idées, et qu'aussi elle ne le nie pas, elle est hors de danger de se méprendre. Elle rencontre aussi quelques notions communes dont elle compose des démonstrations qui la persuadent si absolument, qu'elle ne saurait douter de leur vérité pendant qu'elle s'y applique. Par exemple, elle a en soi les idées des nombres et des figures; elle a aussi, entre ses communes notions, *que si on ajoute des*

tude des sens, et considèrent la métaphysique comme une série d'hypothèses créées par l'imagination errant dans un monde fictif.

[1] La certitude métaphysique, qui est la seule véritable d'après Descartes, repose sur la pensée. Son fondement est dans la conscience psychologique, et la certitude de toutes les autres notions dépend de celle-là.

[2] Descartes combat cette confusion d'idées des matérialistes, en établissant que la perception n'est point une vision, ni un attouchement, ni une imagination, mais seulement une inspection de l'esprit. (*IIe Méditation*, p. 258.) « Les sens, dit Bossuet, donnent lieu à la connaissance de la vérité; mais ce n'est pas par eux précisément que je la connais, c'est par l'entendement. » (*De la connaissance de Dieu et de soi-même*, chap. Ier, n° 7.)

quantités égales à d'autres quantités égales, les tous seront égaux, et beaucoup d'autres aussi évidentes que celle-ci, par lesquelles il est aisé de démontrer que les trois angles d'un triangle sont égaux à deux droits, etc. Or, tant qu'elle aperçoit ces notions et l'ordre dont elle a déduit cette conclusion ou d'autres semblables, elle est très assurée de leur vérité; mais comme elle ne saurait y penser toujours avec tant d'attention, lorsqu'il arrive qu'elle se souvient de quelque conclusion, sans prendre garde à l'ordre dont elle peut être démontrée, et que cependant elle pense que l'auteur de son être aurait pu la créer de telle nature qu'elle se méprit[1] en tout ce qui lui semble très évident, elle voit bien qu'elle a un juste sujet de se défier de la vérité de tout ce qu'elle n'aperçoit pas distinctement, et qu'elle ne saurait avoir aucune science certaine, jusqu'à ce qu'elle ait connu celui qui l'a créée.

XIV

Qu'on peut démontrer qu'il y a un Dieu, de cela seul que la nécessité d'être ou d'exister est comprise en la notion que nous avons de lui.

Lorsque par après elle fait une revue sur les diverses idées ou notions qui sont en soi, et qu'elle y trouve celle d'un Être tout connaissant, tout-puissant, et extrêmement parfait, elle juge facilement par ce qu'elle aperçoit en cette idée, que Dieu, qui est cet Être tout parfait, est ou existe; car encore qu'elle ait des idées distinctes de plusieurs autres choses, elle n'y remarque rien qui l'assure de l'existence de leur objet, au lieu qu'elle aperçoit en celle-ci, non pas seulement comme dans les autres une existence

[1] La véracité de Dieu est pour Descartes le criterium suprême de la vérité, la condition essentielle, la base fondamentale de la certitude. C'est la conclusion de sa *Vᵉ Méditation*. « Ainsi, dit-il, je reconnais très clairement que la certitude et la vérité de toute science dépend de la seule connaissance du vrai Dieu : en sorte qu'avant que je le connusse je ne pouvais savoir parfaitement aucune autre chose. » (Édit. Cousin, p. 321.)

possible, mais une existence absolument nécessaire et éternelle[1]. Et comme de ce qu'elle voit qu'il est nécessairement compris dans l'idée qu'elle a du triangle, que ses trois angles soient égaux à deux droits, elle se persuade absolument que le triangle a trois angles égaux à deux droits; de même, de cela seul qu'elle aperçoit que l'existence nécessaire et éternelle est comprise dans l'idée qu'elle a d'un Être tout parfait, elle doit conclure que cet Être tout parfait est, ou existe.

XV

Que la nécessité d'être n'est pas ainsi comprise en la notion que nous avons des autres choses, mais seulement le pouvoir d'être.

Elle pourra s'assurer encore mieux de la vérité de cette conclusion, si elle prend garde qu'elle n'a point en soi l'idée ou la notion d'aucune autre chose où elle puisse reconnaître une existence qui soit ainsi absolument néces-

[1] (Cf. *Discours de la Méthode*, IVe part., p. 162 et suiv.; *Ve Méditation*, p. 312 et suiv.) Cet argument est la preuve ontologique qu'on dit de saint Anselme, parce que ce Père l'a exposée le premier dans son *Proslogium*, cap. III, et dans son *Monologium*, cap. CIV. Malebranche l'adopte, Leibniz croit la perfectionner en appuyant sur la possibilité de l'infini, qui implique, à son avis, l'existence. « S'il est possible, dit-il, il existe, car l'existence actuelle est clairement contenue dans l'idée de perfection. » Fénelon la présente avec beaucoup de clarté, et essaye de répondre aux objections qu'elle soulève. (*De l'existence de Dieu*, IIe part., p. 36 et 37.) Mais saint Thomas la rejette, et y voit avec raison une pétition de principe. « Dato etiam quod quilibet intelligat hoc nomine *Deus*, significari hoc quod dicitur (scilicet illud quo majus cogitari non potest); non tamen propter hoc sequitur quod intelligat id quod significatur per nomen, esse in rerum natura, sed in apprehensione intellectus tantum. Nec potest argui quod sit in re, nisi daretur quod sit in re aliquid quo majus cogitari non potest; quod non est datum a ponentibus Deum non esse. » (*Sum. theolog.*, Ia *pars, quæst.* IIa, *art.* 1 *ad* 2). Kant et la plupart des philosophes modernes sont de l'avis de saint Thomas. Car, disent-ils, cette idée est abstraite ou concrète. Si elle est abstraite, jamais on ne déduira de l'abstraction la réalité; si elle est concrète, la pétition de principe est évidente. (V. l'*Introduction*, p. 32.)

saire[1]; car, de cela seul, elle saura que l'idée d'un Être tout parfait n'est point en elle par une fiction, comme celle qui représente une chimère, mais qu'au contraire elle y est empreinte par une nature immuable et vraie, et qui doit nécessairement exister, parce qu'elle ne peut être conçue qu'avec une existence nécessaire.

XVI

Que les préjugés empêchent que plusieurs ne connaissent clairement cette nécessité d'être qui est en Dieu.

Notre âme ou notre pensée n'aurait pas de peine à se persuader cette vérité, si elle était libre de ses préjugés[2]; mais d'autant que nous sommes accoutumés à distinguer en toutes les autres choses l'essence de l'existence, et que nous pouvons feindre à plaisir plusieurs idées de choses qui peut-être n'ont jamais été, et qui ne seront peut-être jamais, lorsque nous n'élevons pas comme il faut notre esprit à la contemplation de cet Être tout parfait, il se peut faire que nous doutions si l'idée que nous avons de lui n'est pas l'une de celles que nous feignons quand bon nous semble, ou qui sont possibles, encore que l'existence ne soit pas nécessairement comprise en leur nature.

[1] Il n'y a que dans l'être parfait que l'essence se confonde avec l'existence, de telle sorte qu'on ne puisse les séparer. Dans tous les autres êtres, comme ils ne sont pas nécessaires, ils ont donc été simplement possibles avant d'exister, et s'ils cessaient d'être, ils redeviendraient possibles; ils n'ont donc par nature que le pouvoir d'être, et non la réalité de l'existence.

[2] Fénelon fait à cet égard la même réflexion : « Ce qui arrête pour une conclusion si évidente en elle-même quelques esprits, c'est qu'ils ne sont point accoutumés à raisonner certainement sur ce qui est abstrait et insensible; c'est qu'ils tombent dans un préjugé d'habitude, qui est de raisonner sur l'existence de Dieu comme ils raisonnent sur les qualités des créatures, ne voyant pas combien leur sophisme est absurde.» (*Existence de Dieu*, IIe part., n° 37, édit. de Versailles, p. 186.)

XVII

Que d'autant que nous concevons plus de perfection en une chose, d'autant devons-nous croire que sa cause doit aussi être plus parfaite.

De plus, lorsque nous faisons réflexion sur les diverses idées qui sont en nous, il est aisé d'apercevoir qu'il n'y a pas beaucoup de différence entre elles, en tant que nous les considérons simplement comme les dépendances de notre âme ou de notre pensée[1], mais qu'il y en a beaucoup en tant que l'une représente une chose, et l'autre une autre[2]; et même que leur cause doit être d'autant plus parfaite, que ce qu'elles représentent de leur objet a plus de perfection[3]. Car tout ainsi que, lorsqu'on nous dit que quelqu'un a l'idée d'une machine où il y a beaucoup d'artifice, nous avons raison de nous enquérir comment il a pu avoir cette idée, à savoir s'il a vu quelque part une telle machine faite par un autre, ou s'il a appris la science des mécaniques, ou s'il est avantagé d'une telle vivacité d'esprit que de lui-même il ait pu l'inventer sans avoir rien vu de semblable ailleurs, à cause que tout l'artifice qui est représenté dans l'idée qu'a cet homme, ainsi que dans un tableau, doit être en sa première et principale cause, non pas seulement par imitation, mais en effet de la même sorte ou d'une façon encore plus éminente qu'il n'est représenté.

[1] Au point de vue subjectif.

[2] Au point de vue objectif.

[3] Descartes applique ici l'axiome de métaphysique, que la cause doit renfermer tout ce que renferme l'effet, sinon formellement, comme disent les scolastiques, du moins éminemment.

XVIII

Qu'on peut derechef démontrer par cela qu'il y a un Dieu.

De même, parce que nous trouvons en nous l'idée d'un Dieu, ou d'un Être tout parfait, nous pouvons rechercher la cause qui fait que cette idée est en nous; mais après avoir considéré avec attention combien sont immenses les perfections qu'elle nous représente, nous sommes contraints d'avouer que nous ne saurions la tenir que d'un Être très parfait, c'est-à-dire d'un Dieu, qui est véritablement, ou qui existe, parce qu'il est non seulement manifeste par la lumière naturelle que le néant [1] ne peut être auteur de quoi que ce soit, et que le plus parfait ne saurait être une suite et une dépendance du moins parfait, mais aussi parce que nous voyons par le moyen de cette même lumière qu'il est impossible que nous ayons l'idée ou l'image de quoi que ce soit, s'il n'y a en nous ou ailleurs un original qui comprenne en effet toutes les perfections qui nous sont ainsi représentées; mais comme nous savons que nous sommes sujets à beaucoup de défauts, et que nous ne possédons pas ces extrêmes perfections dont nous avons l'idée, nous devons conclure qu'elles sont en quelque nature qui est différente de la nôtre, et en effet très parfaite, c'est-à-dire qui est Dieu, ou du moins qu'elles ont été autrefois en cette chose [2], et il suit de ce qu'elles étaient infinies qu'elles y sont encore.

[1] L'idée d'un Dieu ne peut venir du néant, puisque c'est une idée positive, et que le néant est purement négatif; elle ne peut venir de nous, qui sommes imparfaits et finis; il faut donc qu'elle vienne d'une cause ou d'une substance qui soit infinie elle-même, ou absolument parfaite. (*IIIe Méditation*, p. 280 et suiv.)

[2] Ces perfections dont nous avons l'idée en nous ne sont pas autre chose que Dieu lui-même. Elles ont été autrefois Dieu lui-même avant d'être en nous, et elles sont encore Dieu, puisqu'elles sont infinies, et par conséquent immuables. Cette identification de l'idée qui est en nous avec Dieu lui-même, est une exagération dont le panthéisme

XIX

Qu'encore que nous ne comprenions pas tout ce qui est en Dieu, il n'y a rien toutefois que nous connaissions si clairement comme ses perfections.

Je ne vois point en cela de difficulté pour ceux qui ont accoutumé leur esprit à la contemplation de la divinité, et qui ont pris garde à ses perfections infinies ; car encore que nous ne les comprenions pas, pour ce que la nature de l'infini est telle que des pensées finies ne le sauraient comprendre, nous les concevons néanmoins plus clairement et plus distinctement que les choses matérielles[1], à cause qu'étant plus simples et n'étant point limitées, ce que nous en concevons est beaucoup moins confus. Aussi il n'y a point de spéculation qui puisse plus aider à perfectionner notre entendement, et qui soit plus importante que celle-ci, d'autant que la considération d'un objet qui n'a point de bornes en ses perfections, nous comble de satisfaction et d'assurance.

XX

Que nous ne sommes pas la cause de nous-même, mais que c'est Dieu, et que par conséquent il y a un Dieu.

Mais tout le monde n'y prend pas garde comme il faut, et parce que nous savons assez, lorsque nous avons une

pourrait abuser. Cependant cette pensée se trouve dans Fénelon, qui ne craint pas de dire « qu'il faut conclure invinciblement que c'est l'être infiniment parfait qui se rend immédiatement présent à moi quand je le conçois, et qu'il est lui-même l'idée que j'ai de lui ». (*Existence de Dieu,* IIe part., n° 29, édit. de Vers., p. 180. — V. Propos. condamnées par le S. Office, en 1861.)

[1] C'est ce que Descartes cherche à établir tout particulièrement dans la *IIe Méditation*. (Édit. Cousin, p. 255 et suiv.)

idée de quelque machine où il y a beaucoup d'artifice, la façon dont nous l'avons eue, et que nous ne saurions nous souvenir de même quand l'idée que nous avons d'un Dieu nous a été communiquée de Dieu, à cause qu'elle a toujours été en nous, il faut que nous fassions encore cette revue, et que nous recherchions quel est donc l'auteur de notre âme ou de notre pensée, qui a en soi l'idée des perfections infinies qui sont en Dieu, parce qu'il est évident que ce qui connaît quelque chose de plus parfait que soi ne s'est point donné l'être, à cause que par même moyen il se serait donné toutes les perfections dont il aurait eu connaissance[1], et par conséquent qu'il ne saurait subsister par aucun autre que par celui qui possède en effet toutes ces perfections, c'est-à-dire, qui est Dieu[2].

XXI

Que la seule durée de notre vie suffit pour montrer que Dieu est.

Je ne crois pas qu'on doute de la vérité de cette démonstration, pourvu qu'on prenne garde à la nature du temps ou de la durée de notre vie; car étant telle que ses parties ne dépendent point les unes des autres, et n'existent jamais ensemble[3], de ce que nous sommes maintenant,

[1] Si nous avons reçu l'être, nous le possédons dans la mesure qu'il a plu à l'auteur de notre être de nous le donner. Si nous avions l'être par nous-même, nous nous serions donné toutes les perfections dont nous avons en nous l'idée, attendu que dans cette hypothèse nous nous serions donné la substance, qui est de toutes les perfections la plus difficile à acquérir, et qu'il n'est pas naturel qu'un être se prive et se limite. Nos imperfections prouvent que nous n'avons qu'une existence d'emprunt, qui nous vient d'un être qui existe par lui-même.

[2] Fénelon a parfaitement développé cette idée, en établissant que la dépendance de l'homme prouve l'existence de son auteur. (*De l'existence de Dieu*, Ire part., n° 63, édit. de Vers., p. 99.)

[3] Tout est successif dans l'être contingent, parce qu'il n'y a rien de permanent. Sa durée est marquée par le temps, qui se compose d'instants qui se succèdent. Dans l'être infini il n'y a aucune succession, parce qu'il n'y a aucun chan-

il ne s'ensuit pas nécessairement que nous soyons un moment après, si quelque cause, à savoir la même qui nous a produits, ne continue[1] à nous produire, c'est-à-dire ne nous conserve : et nous connaissons aisément qu'il n'y a point de force en nous par laquelle nous puissions subsister ou nous conserver un seul moment, et que celui qui a tant de puissance qu'il nous fait subsister hors de lui et qui nous conserve, doit se conserver soi-même, ou plutôt n'a besoin d'être conservé par qui que ce soit, et enfin qu'il est Dieu.

XXII

Qu'en connaissant qu'il y a un Dieu, en la façon ici expliquée, on connaît aussi tous ses attributs, autant qu'ils peuvent être connus par la seule lumière naturelle.

Nous recevons encore cet avantage, en prouvant de cette sorte l'existence de Dieu, que nous connaissons par même moyen ce qu'il est, autant que le permet la faiblesse de notre nature. Car faisant réflexion sur l'idée[2] que nous avons naturellement de lui, nous voyons qu'il est éternel, tout connaissant, tout-puissant, source de toute bonté et vérité, créateur de toutes choses, et qu'enfin il a en soi tout ce en quoi nous pouvons reconnaître quelque perfection infinie, ou bien qui n'est bornée d'aucune imperfection.

gement; c'est la permanence absolue de l'être. Il n'y a en lui ni avant ni après, ni passé ni avenir. Son éternité est une et simultanée. (Cf. saint Thomas, *Summ. theolog.*, Iª *pars, quæst.* Xª, art. 4ª).

[1] L'être qui n'existe pas par lui-même reçoit à tous les instants l'existence; sa conservation est une création continue. « Si le monde existe, dit Malebranche, c'est que Dieu continue de vouloir que le monde soit; la conservation des créatures n'est donc, de la part de Dieu, que leur création continuée; je dis de la part de Dieu, car de la part des créatures il y a de la différence, puisqu'elles passent du néant à l'être par la création, tandis que par la conservation elles continuent d'être; mais en Dieu la conservation et la création ne sont qu'une même volonté. » (*Entret. métaphys.*, VII, nº 7.)

[2] Cette idée étant l'idée d'infini, elle implique en elle toutes les perfections, et exclut tout ce qui est limité ou imparfait.

XXIII

Que Dieu n'est point corporel, et ne connaît point par l'aide des sens comme nous, et n'est point auteur du péché.

Car il y a des choses dans le monde qui sont limitées, et en quelque façon imparfaites, encore que nous remarquions en elles quelques perfections ; mais nous concevons aisément qu'il n'est pas possible qu'aucunes de celles-là soient en Dieu ; ainsi parce que l'extension constitue la nature du corps, et que ce qui est étendu peut être divisé en plusieurs parties, et que cela marque du défaut, nous concluons que Dieu n'est point un corps. Et bien que ce soit un avantage aux hommes d'avoir des sens, néanmoins, à cause que les sentiments se font en nous par des impressions qui viennent d'ailleurs, et que cela témoigne de la dépendance, nous concluons aussi que Dieu n'en a point, mais qu'il entend et veut, non pas encore comme nous, par des opérations aucunement différentes, mais que toujours, par une même et très simple action [1], il entend, veut et fait tout, c'est-à-dire toutes les choses qui sont en effet ; car il ne veut point la malice du péché [2], pour ce qu'elle n'est rien.

[1] Dieu, dit saint Thomas, est un acte pur, et en raison de son unité et de sa simplicité, il ne peut y avoir en lui qu'une même et très simple action. « In Deo secundum rem non est nisi una operatio, quæ est sua essentia. » (*Sum. Theolog.*, I^a^ *pars, quæst.* XXX^a^, *art.* 2 *ad* 3.)

[2] « Le péché, dit Bossuet, ne peut avoir d'autre cause qu'un être libre tiré du néant. Telle est la cause du péché, si toutefois le péché peut avoir une véritable cause. Mais pour parler plus proprement, comme le néant n'en a point, le péché, qui est un défaut et une espèce de néant, n'en a point aussi. » « Peccare nihil aliud est quam deficere a bono, » disent les théologiens ; par conséquent le péché est purement négatif. (*Traité du libre arbitre*, édit. de Vers., t. XXXIV, p. 450.)

XXIV

Qu'après avoir connu que Dieu est, pour passer à la connaissance des créatures, il se faut souvenir que notre entendement est fini et la puissance de Dieu infinie.

Après avoir ainsi connu que Dieu existe, et qu'il est l'auteur de tout ce qui est ou qui peut être, nous suivrons sans doute la meilleure méthode dont on se puisse servir pour découvrir la vérité, si de la connaissance que nous avons de sa nature nous passons à l'explication des choses qu'il a créées [1], et si nous essayons de la déduire en telle sorte des notions qui sont naturellement en nos âmes, que nous ayons une science parfaite, c'est-à-dire, que nous connaissions les effets par leurs causes. Mais afin que nous puissions l'entreprendre avec plus de sûreté, nous nous souviendrons, toutes les fois que nous voudrons examiner la nature de quelque chose, que Dieu, qui en est l'auteur, est infini, et que nous sommes entièrement finis [2].

XXV

Et qu'il faut croire tout ce que Dieu a révélé, encore qu'il soit au-dessus de la portée de notre esprit.

Tellement que s'il nous fait la grâce de nous révéler, ou bien à quelques autres, des choses qui surpassent la

[1] D'après Descartes, nous arrivons à Dieu par les notions que nous trouvons naturellement dans nos âmes, et de Dieu nous devons scientifiquement passer à l'explication des choses créées. La psychologie est le point de départ de la philosophie et la base de la théodicée et de la cosmologie.

[2] C'est sur cette distinction du fini et de l'infini que reposent tous les arguments de Descartes. Dans la langue du XVIIe siècle, cette distinction n'est pas toujours précise. Ainsi Pascal lui-même confond l'indéfini avec l'infini. Dans son *Traité de l'esprit de géométrie*, il parle de l'infini de grandeur et de l'infini de petitesse, et cette confusion de mots rend presque inintelligible ce

portée ordinaire de notre esprit, telles que sont les mystères de l'Incarnation et de la Trinité, nous ne ferons point difficulté de les croire[1], encore que nous ne les entendions peut-être pas bien clairement. Car nous ne devons point trouver étrange[2] qu'il y ait en sa nature, qui est immense, et en ce qu'il a fait, beaucoup de choses qui surpassent la capacité de notre esprit.

XXVI

Qu'il ne faut point tâcher de comprendre l'infini, mais seulement penser que tout ce en quoi nous ne trouvons aucunes bornes est indéfini.

Ainsi, nous ne nous embarrasserons jamais dans les disputes de l'infini, d'autant qu'il serait ridicule que nous, qui sommes finis, entreprissions d'en déterminer quelque chose, et par ce moyen le supposer fini en tâchant de le comprendre; c'est pourquoi nous ne nous soucierons pas de répondre à ceux qui demandent si la moitié d'une ligne infinie est infinie, et si le nombre infini est pair ou non pair[3], et autres choses semblables; à cause qu'il n'y a que ceux qui s'imaginent que leur esprit est infini qui semblent devoir examiner telles difficultés. Et pour nous, en voyant des choses[4] dans lesquelles, selon certains sens, nous ne remarquons point de limites, nous n'assurerons pas pour cela qu'elles soient infinies, mais nous les estimerons seulement indéfinies[5]. Ainsi, parce que nous ne saurions ima-

qu'il dit de la grandeur de l'homme dans ses *Pensées*, lorsqu'il se demande : « Qu'est-ce qu'un homme dans l'infini ? » (V. mon édition des *Pensées*, p. 90.)

[1] Descartes soumettait la raison à la foi, et il reconnait que les vérités surnaturelles ne sont pas de son domaine.

[2] Cela doit nous paraître, au contraire, tout naturel. Car si le fini comprenait l'infini, il l'égalerait et cesserait d'être distinct de lui.

[3] Gassendi soutenait que l'infini est une quantité. Saint Thomas établit avec beaucoup de force et de netteté la thèse contraire. (*Sum. theolog., pars* I[a], *quæst.* VII[a], *art.* 3.)

[4] Ces choses sont le temps, l'espace, le nombre.

[5] L'indéfini est une abstraction, tandis que l'infini est une réalité. On ne peut pas passer de l'abstrait

giner une étendue si grande que nous ne concevions en même temps qu'il y en peut avoir une plus grande, nous dirons que l'étendue des choses possibles est indéfinie. Et parce qu'on ne saurait diviser un corps en des parties si petites que chacune de ces parties ne puisse être divisée en d'autres plus petites, nous penserons que la quantité peut être divisée en des parties dont le nombre est indéfini [1], et parce que nous ne saurions imaginer tant d'étoiles, que Dieu n'en puisse créer davantage, nous supposerons que leur nombre est indéfini, et ainsi du reste.

XXVII

Quelle différence il y a entre *indéfini* et *infini*.

Et nous appellerons ces choses indéfinies plutôt qu'infinies, afin de réserver à Dieu seul le nom d'infini [2]; tant à cause que nous ne remarquons point de bornes en ses perfections, comme aussi à cause que nous sommes très assurés qu'il n'y en peut avoir. Pour ce qui est des autres choses, nous savons qu'elles ne sont pas ainsi absolument parfaites, parce qu'encore que nous y remarquions quelquefois des propriétés qui nous semblent n'avoir point

au concret, et établir une suite ou une série actuellement composée d'un nombre infini de termes. C'est une proposition, dit M. Cauchy, qui peut être démontrée par les mathématiques de mille manières différentes. Ainsi, comme le nombre des étoiles est nécessairement fini, de même le nombre des hommes qui ont vécu sur la terre. Il faut à tout un commencement : *In principio Deus creavit.*

[1] On dit que la matière est divisible à l'infini, pour dire indéfiniment.

[2] L'infini et le fini sont deux idées infiniment distantes. « Que si on en vient parler d'indéfini, dit Fénelon, comme d'un milieu entre ce qui est infini et ce qui est borné, je réponds que cet indéfini ne peut signifier rien, à moins qu'il ne signifie quelque chose de véritablement fini, dont les bornes échappent à l'imagination sans échapper à l'esprit. Mais enfin, tout ce qui n'est point précisément l'infini, de quelque grandeur énorme qu'il soit, est infiniment éloigné de lui ressembler. (*Existence de Dieu*, IIe part., édit. de Vers., p. 177.)

de limites[1], nous ne laissons pas de connaître que cela procède du défaut de notre entendement, et non point de leur nature.

XXVIII

Qu'il ne faut point examiner pour quelle fin Dieu a fait chaque chose, mais seulement par quel moyen il a voulu qu'elle fût produite.

Nous ne nous arrêtons pas aussi à examiner les fins que Dieu s'est proposées en créant le monde, et nous rejetterons entièrement de notre philosophie la recherche des causes finales[2]; car nous ne devons pas tant présumer de nous-mêmes, que de croire que Dieu nous ait voulu faire part de ses conseils[3]; mais, le considérant comme l'auteur de toutes choses, nous tâcherons seulement de trouver,

[1] Comme l'espace, qui pour notre imagination n'a pas de limites, mais que notre esprit considère comme limité, puisqu'il est divisible.

[2] En rejetant les causes finales, Descartes se met en opposition avec les plus grands philosophes de tous les temps. Ils en ont tiré la plus belle preuve de l'existence de Dieu, comme on peut le voir dans les *Mémorables* de Xénophon, dans Cicéron (1re *Tusculane*), dans saint Thomas (*Sum. théol., q.* II, *art.* 3, 5m *argumentum*), dans Lactance (*De opificio mundi*), dans l'*Hexaméron* de saint Basile, et dans tous les Pères qui ont commenté cette parole de David : *Cœli enarrant gloriam Dei*. Bossuet l'a parfaitement développée dans son *Traité de la connaissance de Dieu et de soi-même*, et Fénelon dans son *Traité de l'existence de Dieu*, que Leibniz admirait. Newton la regardait comme une des preuves les plus fortes et les plus convaincantes, « Voyez, » dit-il un jour en lui montrant le ciel, à une personne qui lui demandait une preuve de l'existence de Dieu. « C'est, dit Kant, la preuve la plus ancienne, la plus claire, celle qui convient le mieux à la plupart des hommes. » Voltaire lui-même a dit :

> L'univers m'embarrasse, et je ne puis songer
> Que cette horloge existe et n'ait point d'horloger.

Le hasard, dit Leibniz, n'est que l'ignorance des causes physiques, et l'on peut dire, ajoute M. de Bonald, que ce qu'on appelle destin n'est que l'ignorance des causes morales. (*Recherches philosophiques*, t. II, p. 236.)

[3] Ce n'est pas une manifestation individuelle, comme celle qui résulterait d'une révélation personnelle qui nous serait faite. C'est un livre ouvert à toutes les intelligences : pourquoi fermerions-nous les yeux pour ne pas y lire ?

par la faculté de raisonner qu'il a mise en nous, comment celles que nous apercevons par l'entremise de nos sens ont pu être produites; et nous serons assurés par ceux de ses attributs, dont il a voulu que nous ayons quelque connaissance, que ce que nous aurons une fois aperçu clairement et distinctement appartenir à la nature de ces choses, a la perfection d'être vrai[1].

XXIX

Que Dieu n'est point la cause de nos erreurs.

Et le premier de ses attributs qui semble devoir être ici considéré, consiste en ce qu'il est très véritable, et la source de toute lumière, de sorte qu'il n'est pas possible qu'il nous trompe, c'est-à-dire, qu'il soit directement la cause des erreurs auxquelles nous sommes sujets, et que nous expérimentons en nous-mêmes; car encore que l'adresse à pouvoir tromper semble être une marque de subtilité d'esprit entre les hommes, néanmoins jamais la volonté de tromper ne procède que de malice, ou de crainte et de faiblesse, et par conséquent ne peut être attribuée à Dieu[2].

XXX

Et que par conséquent tout cela est vrai que nous connaissons clairement être vrai, ce qui nous délivre des doutes ci-dessus proposés.

D'où il suit que la faculté de connaître qu'il nous a donnée, que nous appelons lumière naturelle[3], n'aper-

[1] Toutes les choses dont nous avons une vue claire et distincte existent, c'est le principe logique qui éclaire toute la philosophie cartésienne.

[2] Sur la véracité divine, voir ce que nous avons dit, *Introduction*, p. 32, 33.

[3] Descartes distingue entre la lumière naturelle et les inclinations

çoit jamais aucun objet qui ne soit vrai en ce qu'elle l'aperçoit, c'est-à-dire en ce qu'elle connaît clairement et distinctement ; parce que nous aurions sujet de croire que Dieu serait trompeur, s'il nous l'avait donnée telle que nous prissions le faux pour le vrai lorsque nous en usons bien. Et cette considération seule nous doit délivrer de ce doute hyperbolique[1] où nous avons été, pendant que nous ne savions pas encore si celui qui nous a créés avait pris plaisir à nous faire tels, que nous fussions trompés en toutes les choses qui nous semblent très claires. Elle nous doit servir aussi contre toutes les autres raisons que nous avions de douter, et que j'ai alléguées ci-dessus ; même les vérités de mathématique ne nous seront plus suspectes, à cause qu'elles sont très évidentes ; et si nous apercevons quelque chose par nos sens, soit en veillant, soit en dormant, pourvu que nous séparions ce qu'il y aura de clair et distinct en la notion que nous aurons de cette chose, de ce qui sera obscur et confus, nous pourrons facilement nous assurer de ce qui sera vrai. Je ne m'étends pas ici davantage sur ce sujet, parce que j'en ai amplement traité dans les *Méditations* de ma métaphysique[2], et ce qui suivra tantôt servira encore à l'expliquer mieux.

XXXI

Que nos erreurs au regard de Dieu ne sont que des négations, mais au regard de nous sont des privations ou des défauts.

Mais parce qu'il arrive que nous nous méprenons souvent, quoique Dieu ne soit pas trompeur, si nous désirons rechercher la cause de nos erreurs et en découvrir

naturelles. La lumière naturelle ne nous trompe pas, mais les inclinations nous trompent ; elles nous portent au mal comme au bien, à l'erreur aussi bien qu'à la vérité ; ainsi nous sommes portés à croire que le soleil tourne et non la terre, que les étoiles ne sont que de petits flambeaux, etc. (Voy. *IIIe Méditation*, p. 270 et suiv.)

[1] Hyperbolique, exagéré.

[2] Voir en particulier la *IVe Méditation*.

la source afin de les corriger, il faut que nous prenions garde qu'elles ne dépendent pas tant de notre entendement comme de notre volonté [1], et qu'elles ne sont pas des choses ou des substances qui aient besoin du concours actuel de Dieu pour être produites; en sorte qu'elles ne sont à son égard que des négations [2], c'est-à-dire qu'il ne nous a pas donné tout ce qu'il pouvait nous donner, et que nous voyons par même moyen qu'il n'était pas tenu de nous donner; au lieu qu'à notre égard elles sont des défauts et des imperfections [3].

XXXII

Qu'il n'y a en nous que deux sortes de pensées, à savoir, la perception de l'entendement et l'action de la volonté.

Car toutes les façons de penser que nous remarquons en nous peuvent être rapportées à deux générales, dont l'une consiste à apercevoir par l'entendement, et l'autre à se déterminer par la volonté. Ainsi sentir, imaginer, et même concevoir des choses purement intelligibles, ne sont que des façons différentes d'apercevoir [4]; mais désirer,

[1] D'après Descartes, notre entendement ne nous trompe pas, parce qu'il ne juge pas. Tous nos jugements sont volontaires. C'est une erreur; car si la volonté est pour quelque chose dans quelques-uns de nos jugements, il y en a qui ne dépendent nullement d'elle. Ainsi, tous les jugements spontanés, primitifs et nécessaires, nous sont imposés par leur évidence même, et la volonté n'y a pas la moindre part. Quand je voudrais croire que deux et deux ne font pas quatre, je n'y arriverais pas.

[2] Elles proviennent de ce qu'il ne nous a pas accordé des facultés plus parfaites, c'est-à-dire de ce qu'il ne nous a pas accordé de plus grandes perfections. C'est dans ce sens qu'elles sont par rapport à lui des négations.

[3] Elles sont à notre égard des défauts et des imperfections, puisqu'il serait plus parfait de ne pas se tromper, et que certaines de nos erreurs sont coupables.

[4] Descartes distingue dans l'âme deux grandes facultés : l'intelligence et la volonté. Les facultés secondaires de l'intelligence sont les sens, l'imagination et la mémoire. L'intelligence seule est capable de concevoir la vérité. Elle doit s'aider des autres facultés. (*Règles pour servir à la direction de l'esprit*, t. XI, édit. Cousin, p. 260.)

avoir de l'aversion, assurer, nier, douter[1], sont des façons différentes de vouloir.

XXXIII

Que nous ne nous trompons que lorsque nous jugeons de quelque chose qui ne nous est pas assez connue.

Lorsque nous apercevons quelque chose, nous ne sommes point en danger de nous méprendre, si nous n'en jugeons en aucune façon[2], et quand même nous en jugerions, pourvu que nous ne donnions notre consentement qu'à ce que nous connaissons clairement et distinctement[3] devoir être compris en ce dont nous jugeons, nous ne saurions non plus faillir; mais ce qui fait que nous nous trompons ordinairement, est que nous jugeons bien souvent, encore que nous n'ayons pas une connaissance bien exacte de ce dont nous jugeons[4].

XXXIV

Que la volonté, aussi bien que l'entendement, est requise pour juger.

J'avoue que nous ne saurions juger de rien, si notre entendement n'y intervient[5], parce qu'il n'y a pas d'ap-

[1] L'entendement, d'après Descartes, voit, conçoit, il ne juge pas. Il est passif. C'est la volonté qui juge. Elle est active.

[2] Si nous ne jugeons pas, il n'y a ni affirmation ni négation, il ne peut y avoir d'erreur proprement dite.

[3] Dans ce cas on ne peut se tromper, puisqu'on est dans les conditions que Descartes a établies comme un *criterium* de vérité infaillible.

[4] « La vraie règle de bien juger, dit Bossuet, est de ne juger que quand on voit clair; et le moyen de le faire est de juger après une grande considération. » *De la connaissance de Dieu et de soi-même*, édit. de Vers., p. 113.)

[5] Dans la théorie de Descartes, l'entendement donne l'idée, mais c'est la volonté qui prononce.

parence que notre volonté se détermine sur ce que notre entendement n'aperçoit en aucune façon; mais comme la volonté est absolument nécessaire[1], afin que nous donnions notre consentement à ce que nous avons aucunement aperçu, et qu'il n'est pas nécessaire pour faire un jugement tel quel que nous ayons une connaissance entière et parfaite[2]; de là vient que, bien souvent, nous donnons notre consentement à des choses dont nous n'avons jamais eu qu'une connaissance fort confuse.

XXXV

Qu'elle a plus d'étendue que lui, et que de là viennent nos erreurs.

De plus, l'entendement ne s'étend qu'à ce peu d'objets qui se présentent à lui, et sa connaissance est toujours fort limitée; au lieu que la volonté en quelque sens peut sembler infinie[3], parce que nous n'apercevons rien qui puisse être l'objet de quelque autre volonté, même de cette immense qui est en Dieu, à quoi la nôtre ne puisse aussi

[1] Les jugements évidents et nécessaires ne relèvent que de l'entendement, et dans beaucoup de cas l'entendement juge sans que l'intervention de la volonté soit nécessaire. « L'entendement, de soi, dit Bossuet, est fait pour entendre; et toutes les fois qu'il entend, il juge bien; car s'il juge mal, il n'a pas assez entendu. » Il faut distinguer avec Port-Royal deux sources d'erreurs : celles qui viennent de l'intelligence, et celles qui viennent de la volonté.

[2] Nous pouvons juger sans avoir une idée bien claire et bien distincte de l'objet, et dans ce cas l'erreur vient d'un vice de la volonté. Nous jugeons trop précipitamment, et nous sommes dupes de notre défaut de réflexion et d'attention.

[3] Comme les stoïciens, Descartes fait de la volonté une puissance absolue et presque divine. « La volonté, dit-il, que j'expérimente en moi me semble être si grande, que je ne conçois point l'idée d'aucune autre plus ample et plus étendue... Si je la considère formellement et précisément en elle-même, elle ne me semble pas plus grande dans Dieu que dans moi. » (*IVe Méditat.*, p. 300.) Il y a là une grande exagération. La volonté est une puissance relative qui varie avec les individus, les tempéraments, l'âge, le caractère, et cette faculté est plus faible en nous que l'intelligence. Car, quand nous péchons, c'est par défaut de volonté plutôt que d'intelligence.

s'étendre : ce qui est cause que nous la portons ordinairement au delà de ce que nous connaissons clairement et distinctement [1]; et lorsque nous en abusons de la sorte, ce n'est pas merveille s'il nous arrive de nous méprendre.

XXXVI

Lesquelles ne peuvent être imputées à Dieu.

Or, quoique Dieu ne nous ait pas donné un entendement tout connaissant, nous ne devons pas croire pour cela qu'il soit l'auteur de nos erreurs, parce que tout entendement créé est fini, et qu'il est de la nature de l'entendement fini de n'être pas tout-connaissant.

XXXVII

Que la principale perfection de l'homme est d'avoir un libre arbitre, et que c'est ce qui le rend digne de louange ou de blâme.

Au contraire, la volonté étant de sa nature très étendue, ce nous est un avantage très grand de pouvoir agir, par son moyen, c'est-à-dire librement, en sorte que nous soyons tellement les maîtres de nos actions [2], que nous

[1] D'après Descartes, l'entendement est fini, la volonté est infinie; c'est ce défaut d'équilibre et de proportion entre nos facultés qui amène l'erreur.

[2] Cette liberté, qui nous permet d'agir sans autre motif déterminant que notre volonté, est, d'après Descartes, la faculté qui nous fait connaître le mieux que nous portons en nous l'image et la ressemblance de Dieu. (*IVe Méditation*, p. 300.) C'est aussi le sentiment de Bossuet. « Plus je recherche en moi-même, dit-il, la raison qui me détermine, plus je sens que je n'en ai aucune autre que ma seule volonté. C'est ce qui me fait comprendre que je suis fait à l'image de Dieu; parce que, n'y ayant rien dans la matière qui le détermine à la mouvoir plutôt qu'à la laisser en repos, ou à la mouvoir d'un côté plutôt que d'un autre; il n'y a aucune raison d'un si grand effet, que la seule volonté par où il me

sommes dignes de louange lorsque nous les conduisons bien ; car tout ainsi qu'on ne donne point aux machines qu'on voit se mouvoir en plusieurs façons diverses, aussi justement qu'on saurait désirer, des louanges qui se rapportent véritablement à elles, parce que ces machines ne représentent aucune action qu'elles ne doivent faire par le moyen de leurs ressorts, et qu'on en donne à l'ouvrier qui les a faites, parce qu'il a eu le pouvoir et la volonté de les composer avec tant d'artifice ; de même on doit nous attribuer quelque chose de plus, de ce que nous choisissons ce qui est vrai, lorsque nous le distinguons d'avec le faux par une détermination de notre volonté, que si nous y étions déterminés et contraints par un principe étranger.

XXXVIII

Que nos erreurs sont des défauts de notre façon d'agir, mais non point de notre nature ; et que les fautes des sujets peuvent souvent être attribuées aux autres maîtres, mais non point à Dieu.

Il est bien vrai que toutes les fois que nous faillons, il y a du défaut en notre façon d'agir ou en l'usage de notre liberté ; mais il n'y a point pour cela de défaut en notre nature, à cause qu'elle est toujours la même, quoique nos jugements soient vrais ou faux. Et quand Dieu aurait pu nous donner une connaissance si grande que nous n'eussions jamais été sujets à faillir, nous n'avons aucun droit pour cela de nous plaindre de lui[1]. Car encore que parmi nous celui qui a pu empêcher un mal et ne l'a pas empêché, en soit blâmé et jugé comme coupable, il n'en est pas de même à l'égard de Dieu, d'autant que le pouvoir que les hommes ont les uns sur les autres est

paraît souverainement libre. » (*Traité du libre arbitre*, édit. de Vers., t. XXXIV, p. 376.)

[1] « J'ai, au contraire, dit Descartes, tout sujet de lui rendre grâces de ce que ne m'ayant jamais rien dû, il m'a néanmoins donné tout le peu de perfections qui est en moi. » (*IVe Médit.* Édit. Cousin, p. 304.)

institué afin qu'ils empêchent de mal faire ceux qui leur sont inférieurs[1], et que la toute-puissance que Dieu a sur l'univers est très absolue et très libre. C'est pourquoi nous devons le remercier des biens qu'il nous a faits, et non point nous plaindre de ce qu'il ne nous a pas avantagés de ceux que nous connaissons qui nous manquent et qu'il aurait peut-être[2] pu nous départir.

XXXIX

Que la liberté de notre volonté se connaît sans preuve, par la seule expérience que nous en avons.

Au reste, il est si évident que nous avons une volonté libre qui peut donner son consentement ou ne le pas donner quand bon lui semble, que cela peut être compté pour une de nos plus communes notions. Nous en avons eu ci-devant une preuve bien claire; car au même temps que nous doutions de tout, et que nous supposions même que celui qui nous a créés employait son pouvoir à nous tromper en toutes façons, nous apercevions en nous une liberté si grande[3], que nous pouvions nous empêcher de croire

[1] *Dei minister est; vindex in iram ei qui malum agit* (Rom. XIII, 4), dit saint Paul en parlant du chef qui est placé à la tête de la société. Dieu laisse aux chefs comme à leurs subordonnés la liberté de faire le bien ou le mal, à leur gré, sauf à leur faire rendre compte de leurs actions et à les punir ou à les récompenser, suivant qu'ils ont fait un bon ou un mauvais usage de cette faculté. Toutefois, s'il laisse faire le mal, ce n'est point parce qu'il est absolu, c'est parce qu'il est sage et qu'il respecte notre liberté.

[2] *Peut-être.* Pourquoi *peut-être?* Disons *certainement.*

[3] La liberté est un fait de conscience. Que chacun de nous s'écoute et se consulte soi-même, il sentira qu'il est libre, comme il sentira qu'il est raisonnable, qu'il souffre, qu'il se trouve à son aise, qu'il est en repos, qu'il se meut, etc. Descartes n'appuie que sur la preuve psychologique, parce que c'est la seule qui trouve place dans sa théorie; mais ce n'est pas un motif pour exclure les autres preuves. Bossuet y ajoute la preuve tirée de l'évidence du raisonnement, et la preuve théologique, qu'on peut tirer de l'évidence de la révélation. (*Traité du libre arbitre,* ch. II, p. 373, édit. de Vers.) On la remplace dans les cours de philosophie par la preuve tirée du consente-

ce que nous ne connaissions pas encore parfaitement bien. Or ce que nous apercevions distinctement, et dont nous ne pouvions douter pendant une suspension si générale, est aussi certain qu'aucune autre chose que nous puissions jamais connaître.

XL

Que nous savons aussi très certainement que Dieu a préordonné toutes choses.

Mais à cause que ce que nous avons depuis connu de Dieu nous assure que sa puissance est si grande, que nous ferions un crime de penser que nous eussions jamais été capables de faire aucune chose qu'il ne l'eût auparavant ordonnée, nous pourrions aisément nous embarrasser en des difficultés très grandes, si nous entreprenions d'accorder la liberté de notre volonté avec ses ordonnances, et si nous tâchions de comprendre, c'est-à-dire d'embrasser et comme limiter avec notre entendement toute l'étendue de notre libre arbitre, et l'ordre de la Providence éternelle.

XLI

Comment on peut accorder notre libre arbitre avec la préordination divine.

Au lieu que nous n'aurions point du tout de peine à nous en délivrer, si nous remarquons que notre pensée est finie, et que la toute-puissance de Dieu, par laquelle il a non seulement connu de toute éternité ce qui est ou qui peut être, mais il l'a aussi voulu, est infinie. Ce qui fait que nous avons bien assez d'intelligence pour connaître clairement et distinctement que cette puissance est en Dieu;

ment unanime des peuples, et la preuve *ex absurdis* fournie par les absurdités qu'entraîne le fatalisme.

mais que nous n'en avons pas assez pour comprendre tellement son étendue, que nous puissions savoir comment elle laisse les actions des hommes entièrement libres et indéterminées; et que d'autre côté nous sommes aussi tellement assurés de la liberté et de l'indifférence qui est en nous, qu'il n'y a rien que nous connaissions plus clairement; de façon que la toute-puissance de Dieu ne nous doit point empêcher de la croire. Car nous aurions tort de douter[1] de ce que nous apercevons intérieurement, et que nous savons par expérience être en nous, parce que nous ne comprenons pas une autre chose que nous savons être incompréhensible de sa nature.

XLII

Comment encore que nous ne voulions jamais faillir, c'est néanmoins par notre volonté que nous faillons.

Mais parce que nous savons que l'erreur dépend de notre volonté, et que personne n'a la volonté de se tromper, on s'étonnera peut-être qu'il y ait de l'erreur en nos jugements. Mais il faut remarquer qu'il y a bien de la différence entre vouloir être trompé et vouloir donner son consentement à des opinions qui sont cause que nous nous trompons quelquefois. Car encore qu'il n'y ait personne qui veuille expressément se méprendre, il ne s'en trouve presque pas un qui ne veuille donner son consentement à des choses qu'il ne connaît pas distinctement[2].

[1] On éprouve de grandes difficultés quand on veut concilier la liberté de l'homme et la prescience et la préordination de Dieu. Ces deux vérités sont certaines; pour les concilier, il faudrait bien connaître l'homme et bien connaître Dieu. Ne connaissant qu'imparfaitement ces deux termes qu'il s'agit d'unir, il n'est pas étonnant que le lien qui les unit nous échappe. « Il ne faut jamais abandonner, dit Bossuet, des vérités une fois connues, quelques difficultés qui surviennent quand on veut les concilier; mais il faut toujours tenir fortement les deux bouts de la chaîne, quoiqu'on n'en voie pas le milieu par où l'enchaînement se continue. » (*Traité du libre arbitre*, t. XXXIV, p. 410-411.)

[2] Dans ce cas l'erreur vient de la volonté. Nos jugements nous sont dictés par nos passions; nous

Et même il arrive souvent que c'est le désir de connaître la vérité [1], qui fait que ceux qui ne savent pas l'ordre qu'il faut tenir pour la rechercher manquent de la trouver et se trompent, à cause qu'il les incite à précipiter leurs jugements, et à prendre des choses pour vraies, desquelles ils n'ont pas assez de connaissance.

XLIII

Que nous ne saurions faillir en ne jugeant que des choses que nous apercevons clairement et distinctement.

Mais il est certain que nous ne prendrons jamais le faux pour le vrai, tant que nous ne jugerons que de ce que nous apercevons clairement et distinctement; parce que Dieu n'étant point trompeur, la faculté de connaître qu'il nous a donnée ne saurait faillir, ni même la faculté de vouloir, lorsque nous ne l'étendons point au delà de ce que nous connaissons [2]. Et quand même cette vérité n'aurait pas été démontrée, nous sommes naturellement si enclins à donner notre consentement aux choses que nous apercevons manifestement, que nous n'en saurions douter pendant que nous les apercevons de la sorte [3].

écoutons l'orgueil, l'amour-propre, et nous nous laissons entraîner par nos préjugés, nos préoccupations ou notre intérêt.

[1] Nous nous laissons le plus souvent égarer par des préventions qui nous dictent nos jugements avant que nous n'ayons examiné la question. « Le plus grand dérèglement de l'esprit, dit Bossuet, c'est de croire les choses, parce qu'on veut qu'elles soient, et non parce qu'on a vu ce qu'elles sont en effet. (*De la connaissance de Dieu et de soi-même*, t. XXXIV, p. 116, édit. de Vers.)

[2] Descartes suppose que la faute a toujours pour cause l'ignorance. « Si nous voyions clairement, dit-il ailleurs, que ce que nous faisons est mauvais, il nous serait impossible de pécher pendant le temps que nous le verrions de cette sorte; c'est pourquoi on dit que : *Omnis peccans est ignorans.* Mais l'expérience est là pour prouver que la volonté résiste souvent à la lumière et que la faute résulte précisément de cette résistance. Car l'ignorance réelle et invincible excuse du péché et enlève au remords sa raison d'être. »

[3] L'évidence s'impose, et c'est son caractère essentiel. Car on la dé-

XLIV

Que nous ne saurions que mal juger de ce que nous n'apercevons pas clairement, bien que notre jugement puisse être vrai, et que c'est souvent notre mémoire qui nous trompe.

Il est aussi très certain que toutes les fois que nous approuvons quelque raison dont nous n'avons pas une connaissance bien exacte, ou nous nous trompons, ou si nous trouvons la vérité, comme ce n'est que par hasard, nous ne saurions être assurés de l'avoir rencontrée, et ne saurions savoir certainement que nous ne nous trompons point. J'avoue qu'il arrive rarement que nous jugions d'une chose en même temps que nous remarquons que nous ne la connaissons pas assez distinctement [1]; à cause que la raison naturellement nous dicte que nous ne devons jamais juger de rien que de ce que nous connaissons distinctement auparavant que de juger. Mais nous nous trompons souvent, parce que nous présumons avoir autrefois connu plusieurs choses, et que tout aussitôt qu'il nous en souvient nous y donnons notre consentement [2], de même que si nous les avions suffisamment examinées, bien qu'en effet nous n'en ayons jamais eu une connaissance bien exacte.

finit une lumière irrésistible à laquelle nous ne pouvons refuser notre assentiment.

[1] Nous ne sommes pas sûrs dans ce cas de l'exactitude de notre jugement; mais nous jugeons néanmoins par légèreté, par paresse, par amour-propre, ou pour tout autre motif semblable, et quoique nous ayons conscience d'avoir mal jugé, nous pouvons soutenir obstinément notre jugement et arriver à nous faire illusion, c'est-à-dire à nous tromper nous-mêmes tout en trompant les autres.

[2] Les opinions que nous nous sommes formées sur les bancs de l'école ont souvent ce caractère. Nous les avons acceptées de confiance sans les examiner suffisamment, et nous nous reposons sur ces jugements tout faits qu'on répète de génération en génération, sans qu'on se soit jamais demandé bien sérieusement ce qu'ils valent.

XLV

Ce que c'est qu'une perception claire et distincte.

Il y a même des personnes qui en toute leur vie n'aperçoivent rien comme il faut pour en bien juger; car la connaissance sur laquelle on veut établir un jugement indubitable doit être non seulement claire, mais aussi distincte. J'appelle claire[1] celle qui est présente et manifeste à un esprit attentif, de même que nous disons voir clairement les objets, lorsque étant présents à nos yeux ils agissent assez fort sur eux, et qu'ils sont disposés à les regarder; et distincte, celle qui est tellement précise et différente de toutes les autres, qu'elle ne comprend en soi que ce qui paraît manifestement à celui qui la considère comme il faut.

[1] « Je dis qu'une idée est claire, dit Leibniz, lorsqu'elle suffit pour reconnaître la chose et pour la distinguer : comme lorsque j'ai une idée bien claire d'une couleur, je ne prendrai pas une autre pour celle que je demande; et si j'ai une idée claire d'une plante, je la discernerai parmi d'autres voisines : sans cela l'idée est *obscure*. Je crois que nous n'en avons guère de parfaitement claires sur les choses sensibles. Il y a des couleurs qui s'approchent de telle sorte qu'on ne saurait les discerner par mémoire, et cependant on les discernera, l'une étant mise près de l'autre... C'est pourquoi j'ai coutume de suivre ici le langage de M. Descartes, chez qui une idée pourra être claire et confuse en même temps : et telles sont les idées des qualités sensibles et affectées aux organes, commes celles de la couleur ou de la chaleur. Elles sont claires, car on les reconnaît et on les discerne aisément les unes des autres; mais elles ne sont point distinctes, parce qu'on ne distingue pas ce qu'elles renferment. Ainsi on n'en saurait donner la définition. On ne les fait connaître que par des exemples; et, au reste, il faut dire que c'est *un je ne sais quoi*, jusqu'à ce qu'on en déchiffre la contexture. Ainsi, quoique selon nous les idées distinctes distinguent l'objet d'un autre, néanmoins, comme les claires mais confuses en elles-mêmes le font aussi, nous nommons distinctes non pas toutes celles qui sont bien distinguantes ou qui distinguent les objets, mais celles qui sont bien distinguées. » (Leibniz, *Nouveaux essais sur l'entendement humain*, t. II, ch. XXIX.)

XLVI

Qu'elle peut être claire sans être distincte, mais non au contraire.

Par exemple, lorsque quelqu'un sent une douleur cuisante, la connaissance qu'il a de cette douleur est claire à son égard, et n'est pas pour cela toujours distincte, parce qu'il la confond ordinairement avec le faux jugement qu'il fait sur la nature de ce qu'il pense être en la partie blessée, qu'il croit être semblable à l'idée ou au sentiment de la douleur qui est en sa pensée, encore qu'il n'aperçoive rien clairement que le sentiment ou la pensée confuse qui est en lui. Ainsi la connaissance peut être claire sans être distincte, et ne peut être distincte qu'elle ne soit claire par même moyen [1].

XLVII

Que, pour ôter les préjugés de notre enfance, il faut considérer ce qu'il y a de clair en chacune de nos premières notions.

Or, pendant nos premières années, notre âme ou notre pensée était si fort offusquée [2] du corps, qu'elle ne connaissait rien distinctement, bien qu'elle aperçût plusieurs choses assez clairement; et parce qu'elle ne laissait pas de faire cependant une réflexion telle quelle sur les choses qui se présentaient et d'en juger témérairement, nous avons rempli notre mémoire de beaucoup de préjugés [3], dont

[1] *La Logique de Port-Royal* distingue dans l'idée « la clarté d'avec la distinction, et l'obscurité d'avec la confusion ». (V. 1re partie, ch. IX.)

[2] Elle était empêchée d'être vue, comme on dit que les nuées offusquent le soleil. (Dictionnaire de l'Acad.)

[3] C'est la condition par laquelle nous sommes tous obligés de passer. Notre intelligence étant progressive, les idées sont en nous embrouillées, inexactes, imparfaites, avant d'être claires, distinctes et certaines.

nous n'entreprenons presque jamais de nous délivrer, encore qu'il soit très certain que nous ne saurions autrement les bien examiner. Mais afin que nous puissions maintenant nous en délivrer sans beaucoup de peine, je ferai ici un dénombrement de toutes les notions simples qui composent nos pensées, et séparerai ce qu'il y a de clair en chacune d'elles, et ce qu'il y a d'obscur, ou en quoi nous pouvons faillir.

XLVIII

Que tout ce dont nous avons quelque notion est considéré comme une chose ou comme une vérité : en le dénombrement des choses.

Je distingue tout ce qui tombe sous notre connaissance en deux genres: le premier contient toutes les choses qui ont quelque existence [1], et l'autre toutes les vérités qui ne sont rien hors de notre pensée [2]. Touchant les choses, nous avons premièrement certaines notions générales qui se peuvent rapporter à toutes, à savoir celles que nous avons de la substance, de la durée, de l'ordre et du nombre, et peut-être aussi quelques autres [3]; puis nous en avons aussi de plus particuliers, qui servent à les distinguer. Et la principale distinction que je remarque entre toutes les choses créées est que les unes sont intellectuelles, c'est-à-dire, sont des substances intelligentes, ou bien des propriétés qui appartiennent à ces substances; et les autres sont corporelles, c'est-à-dire sont des corps, ou bien des propriétés qui appartiennent au corps. Ainsi l'entendement,

[1] Les réalités, quelles qu'elles soient (*res*).

[2] Les conceptions pures qui forment les notions premières, les vérités intelligibles, les principes ontologiques et les axiomes qui servent de base à la philosophie et à toutes les sciences.

[3] Ce sont les idées générales qu'Aristote a désignées sous le nom de catégories. Il en a distingué dix : la substance, et les neuf accidents auxquels il réduit tous les modes que peut revêtir la substance : quantité, qualité, relation, action, passion, lieu, temps, situation, avoir. Ces modes peuvent être pris dans le sens logique et dans le sens métaphysique.

la volonté, et toutes les façons[1] de connaître et de vouloir, appartiennent à la substance qui pense ; la grandeur, ou l'étendue en longueur, largeur et profondeur, la figure, le mouvement, la situation des parties, et la disposition qu'elles ont à être divisées, et telles autres propriétés se rapportent au corps. Il y a encore outre cela certaines choses que nous expérimentons en nous-mêmes, qui ne doivent point être attribuées à l'âme seule, ni aussi au corps seul, mais à l'étroite union qui est entre eux[2], ainsi que j'expliquerai ci-après ; tels sont les appétits de boire et de manger, et comme aussi les émotions ou les passions de l'âme qui ne dépendent pas de la pensée seule, comme l'émotion à la colère, à la joie, à la tristesse, à l'amour, etc. ; tels sont tous les sentiments, comme la douleur, le chatouillement, la lumière, les couleurs, les sons, les odeurs, le goût, la chaleur, la dureté, et toutes les autres qualités qui ne tombent que sous le sens de l'attouchement.

XLIX

Que les vérités ne peuvent ainsi être dénombrées, et qu'il n'en est pas besoin.

Jusqu'ici j'ai dénombré tout ce que nous connaissons comme des choses ; il reste à parler de ce que nous connaissons comme des vérités. Par exemple, lorsque nous pensons qu'on ne saurait faire quelque chose de rien, nous ne croyons point que cette proposition soit une chose qui

[1] Toutes les facultés secondaires et toutes les opérations appartenant à ces deux grandes facultés.

[2] En nous, les faits qui n'appartiennent qu'au corps sont les faits physiologiques. Ils ne peuvent être perçus que par les sens, et ils sont par rapport à l'âme des faits externes, comme tous les faits physiques. Les faits qui n'appartiennent qu'à l'âme sont les faits psychologiques ; ils ne sont connus que par la conscience. Les faits mixtes résultent du composé humain, de la personnalité humaine que forme l'union substantielle du corps et de l'âme. (V. sur ces faits Bossuet, *De la connaissance de Dieu et de soi-même*, chap. III ; *De l'union de l'âme et du corps*, édit. de Vers., p. 173-262.)

existe, ou la propriété de quelque chose, mais nous la prenons pour une certaine vérité éternelle qui a son siège en notre pensée, et que l'on nomme une notion commune ou une maxime[1]. Tout de même, quand on dit qu'il est impossible qu'une même chose soit et ne soit pas en même temps, que ce qui a été fait ne peut n'être pas fait[2], que celui qui pense ne peut manquer d'être ou d'exister pendant qu'il pense, et quantité d'autres semblables, ce sont seulement des vérités, et non pas des choses qui soient hors de notre pensée ; et il y en a si grand nombre de telles, qu'il serait malaisé de les dénombrer. Mais aussi n'est-il pas nécessaire, parce que nous ne saurions manquer de les savoir lorsque l'occasion se présente de penser à elles, et que nous n'avons point de préjugés[3] qui nous aveuglent.

L

Que toutes ces vérités peuvent être clairement aperçues, mais non pas de tous, à cause des préjugés.

Pour ce qui est des vérités qu'on nomme des notions communes, il est certain qu'elles peuvent être connues de plusieurs très clairement et très distinctement ; car autrement elles ne mériteraient pas d'avoir ce nom ; mais il est vrai aussi qu'il y en a qui le méritent au regard de quelques personnes, et qui ne le méritent point au regard des autres[4], à cause qu'elles ne leur soint pas assez

[1] On leur donne aussi le nom d'axiomes ou de principes.

[2] C'est le principe de contradiction. On distingue aussi le principe de raison suffisante, le principe de causalité. Plusieurs êtres ne peuvent être cause réciproque de leur existence. La cause est toujours antérieure à l'effet et doit le contenir formellement et éminemment. Personne ne donne ce qu'il n'a pas. Qui veut la fin veut les moyens, etc.

[3] Les préjugés ne peuvent guère voiler ces vérités, qui sont évidentes par elles-mêmes.

[4] Ces vérités ne sont pas des vérités premières ; ce sont des principes secondaires plus ou moins éloignés des principes primitifs. L'homme éclairé, l'homme intelligent les saisit et en voit clairement le rapport avec les principes premiers; mais l'homme ignorant,

évidentes. Non pas que je croie que la faculté de connaître, qui est en quelques hommes, s'étende plus loin que celle qui est communément en tous[1]; mais c'est plutôt qu'il y a des personnes qui ont imprimé de longue main des opinions en leur créance, qui, étant contraires à quelques-unes de ces vérités, empêchent qu'ils ne les puissent apercevoir, bien qu'elles soient fort manifestes à ceux qui ne sont point ainsi préoccupés.

LI

Ce que c'est que la substance; et que c'est un nom qu'on ne peut attribuer à Dieu et aux créatures en même sens.

Pour ce qui est des choses que nous considérons comme ayant quelque existence, il est besoin que nous les examinions ici l'une après l'autre, afin de distinguer ce qui est d'obscur d'avec ce qui est évident en la notion que nous avons de chacune. Lorsque nous concevons la substance, nous concevons seulement une chose qui existe en telle façon qu'elle n'a besoin que de soi-même pour exister[2]. En quoi il peut y avoir de l'obscurité touchant l'explication de ce mot: *n'avoir besoin que de soi-même;* car, à proprement parler, il n'y a que Dieu qui soit tel, et il n'y a aucune chose créée qui puisse exister un seul moment sans être soutenue et conservée par sa puissance.

l'homme barbare ne le voit pas. Telles sont certaines applications de la loi naturelle sur lesquelles nous voyons les sauvages se tromper. Ils tuent leur père pour le délivrer des souffrances de la vie.

[1] Pourquoi n'admettrait-on pas que dans l'homme de génie la faculté de connaître dépasse celle du commun des hommes? Il ne crée pas d'axiomes, mais il les pénètre plus profondément, et peut tirer des principes primitifs des conséquences que les autres n'aperçoivent pas.

[2] Cette définition est équivoque. Spinoza s'en est emparé et en a fait la base de son système. « J'entends, dit-il, par substance ce qui est en soi et conçu par soi, c'est-à-dire ce dont le concept peut être formé sans avoir besoin du concept d'une autre chose. » Il établit l'unité de substance, identifie avec la substance l'attribut et les modes, et arrive ainsi au panthéisme.

C'est pourquoi on a raison, dans l'école, de dire que le nom de substance n'est pas *univoque*[1] au regard de Dieu et des créatures, c'est-à-dire qu'il n'y a aucune signification de ce mot que nous concevions distinctement, laquelle convienne à lui et à elles : mais parce qu'entre les choses créées, quelques-unes sont de telle nature qu'elles ne peuvent exister sans quelques autres[2], nous les distinguons d'avec celles qui n'ont besoin que du concours ordinaire de Dieu, en nommant celles-ci des substances, et celles-là des qualités[3], ou des attributs de ces substances.

LII

Qu'il peut être attribué à l'âme et au corps en même sens, et comment on connaît la substance.

Et la notion que nous avons ainsi de la substance créée se rapporte en même façon à toutes, c'est-à-dire à celles qui sont immatérielles, comme à celles qui sont matérielles ou corporelles; car, pour entendre que ce sont des substances, il faut seulement que nous apercevions qu'elles peuvent exister sans l'aide d'aucune chose créée[4]. Mais lorsqu'il est question de savoir si quelqu'une de ces

[1] *Univoque*, c'est-à-dire ne se prend pas dans le même sens, quand on l'applique à Dieu et aux créatures. (V. la définition de ce mot dans la *Logique de Port-Royal*, Ire part., chap. VI.) La substance en Dieu est une, simple et absolue. Il n'y a pas en elle d'accidents, parce qu'elle est immuable. Dans les créatures, au contraire, il n'y a pas de substance sans accident. On distingue la substance de ses modes et de ses attributs.

[2] Aristote, dit Bossuet, a défini la substance : *ce qui est le sujet*, et l'accident : *ce qui est dans un sujet;* et encore, la substance, dit-il, *est ce qui est, et en qui quelque chose est;* et l'accident *est ce qui n'est qu'en un autre*, ce qui est *adhérer à un autre.* Les accidents, comme on dit dans l'école, ne sont pas tant des êtres que des êtres d'être, *accidens non est tam ens quam entis ens.* (*Logique*, liv. I, chap. LII.)

[3] Aristote ne définit pas autrement la qualité, que ce qui *fait les choses telles ou telles* (*quales sunt*). Qu'est cette chose? Elle est blanche ou noire, douce ou amère, et ainsi du reste.

[4] Comme le bois, la pierre, l'or, l'argent, etc.

substances existe véritablement; c'est-à-dire si elle est à présent dans le monde, ce n'est pas assez qu'elle existe en cette façon pour faire que nous l'apercevions : car cela seul ne nous découvre rien qui excite quelque connaissance particulière en notre pensée, il faut, outre cela, qu'elle ait quelques attributs que nous puissions remarquer[1]; et il n'y en a aucun qui ne suffise pour cet effet, à cause que l'une de nos notions communes est, que le néant ne peut avoir aucuns attributs, ni propriétés ou qualités; c'est pourquoi, lorsqu'on en rencontre quelqu'un, on a raison de conclure qu'il est l'attribut de quelque substance, et que cette substance existe.

LIII

Que chaque substance a un attribut principal, et que celui de l'âme est la pensée, comme l'extension est celui du corps.

Mais encore que chaque attribut soit suffisant pour faire connaître la substance, il y en a toutefois un[2] en chacune qui constitue sa nature et son essence, et de qui tous les autres dépendent. A savoir l'étendue en longueur, largeur et profondeur, constitue la nature de la substance corporelle; et la pensée constitue la nature de la substance qui pense[3]. Car tout ce que d'ailleurs on peut attribuer au corps présuppose de l'étendue, et n'est

[1] C'est le mode qui fait connaître l'existence de la substance, le phénomène le noumène; il n'est pas nécessaire, pour arriver à la substance, qu'on connaisse tous ses attributs. Un seul peut suffire, d'après ce principe : *Ce qui n'est pas n'a pas de propriété.*

[2] C'est l'attribut primaire ou l'attribut principal.

[3] D'après Descartes, l'étendue est l'essence de la matière ou des corps, qu'il appelle *res extensa,* et la pensée est l'essence de l'esprit ou de la substance immatérielle, qu'il nomme *res cogitans.* Ce système relativement aux corps revient à l'atomisme soutenu dans les temps anciens par Anaxagoras, Démocrite et Épicure, et dans les temps modernes par Descartes, Gassendi et Newton. Il a l'inconvénient de dépouiller les corps de tout principe actif, et de ne pas rendre compte de l'insécabilité de l'atome, de l'impénétrabilité de la matière et de plusieurs autres propriétés physiques. (V. plus haut l'*Introduction*, p. 30.)

qu'une dépendance de ce qui est étendu; de même toutes les propriétés que nous trouvons en la chose qui pense, ne sont que des façons différentes de penser. Ainsi nous ne saurions concevoir, par exemple, de figure, si ce n'est en une chose étendue, ni de mouvement, qu'en un espace qui est étendu; ainsi l'imagination, le sentiment et la volonté dépendent tellement d'une chose qui pense, que nous ne les pouvons concevoir sans elle. Mais, au contraire, nous pouvons concevoir l'étendue sans figure ou sans mouvement, et la chose qui pense sans imagination ou sans sentiment[1], et ainsi du reste.

LIV

Comment nous pouvons avoir des pensées distinctes de la substance qui pense, de celle qui est corporelle, et de Dieu.

Nous pouvons donc avoir deux notions ou idées claires et distinctes, l'une d'une substance créée qui pense, et l'autre d'une substance étendue, pourvu que nous séparions soigneusement tous les attributs de la pensée d'avec les attributs de l'étendue. Nous pouvons avoir aussi une idée claire et distincte d'une substance incréée qui pense et qui est indépendante, c'est-à-dire d'un Dieu, pourvu que nous ne pensions pas que cette idée nous représente tout ce qui est en lui[2], et que nous n'y mêlions rien par une fiction de notre entendement[3]; mais que nous prenions garde seulement à ce qui est compris véritablement en la notion distincte que nous avons de lui et que nous savons appartenir à la nature d'un être tout parfait. Car il n'y a personne qui puisse nier qu'une telle idée de

[1] Descartes considère l'imagination et les sens comme des facultés secondaires de la connaissance; l'entendement est pour lui l'attribut principal, par conséquent l'essence du moi pensant : *res cogitans*. (V. plus haut, p. 97, note 4.)

[2] Nous ne pouvons avoir une idée adéquate de Dieu. Notre entendement étant fini, le fini ne peut comprendre, embrasser pleinement l'infini.

[3] Comme le font les dualistes, les polythéistes, les panthéistes, tous ceux qui faussent l'idée de Dieu.

Dieu soit en nous, s'il ne veut croire sans raison que l'entendement humain ne saurait avoir aucune connaissance de la Divinité.

LV

Comment nous en pouvons aussi avoir de la durée, de l'ordre et du nombre.

Nous concevons aussi très distinctement ce que c'est que la durée, l'ordre et le nombre, si, au lieu de mêler dans l'idée que nous en avons ce qui appartient proprement à l'idée de la substance, nous pensons seulement que la durée de chaque chose est un mode ou une façon dont nous considérons cette chose en tant qu'elle continue d'être[1]; et que pareillement l'ordre et le nombre ne diffèrent pas en effet des choses ordonnées et nombrées, mais que ce sont seulement des façons sous lesquelles nous considérons diversement ces choses.

LVI

Ce que c'est que qualité et attribut, et façon ou mode.

Lorsque je dis ici façon ou mode, je n'entends rien que ce que je nomme ailleurs attribut ou qualité. Mais lorsque je considère que la substance en est autrement

[1] Ces idées de durée, d'ordre, de nombre, sont des idées générales purement abstraites, considérées en elles-mêmes. Ce sont, d'après Descartes, des points de vue divers, sous lesquels on considère la substance. Ainsi la durée, c'est la substance en tant qu'elle continue à exister; l'ordre, c'est la substance en tant que ses parties sont régulièrement, harmonieusement disposées; le nombre, c'est l'expression de la quantité. Aristote appelle *quantité* ce qu'on répond à la question : Combien ce corps est-il grand? Il est grand de deux, de trois pieds, de deux ou trois coudées. Si on applique la durée, l'ordre et le nombre à des réalités, ces idées deviennent concrètes, d'abstraites qu'elles étaient.

disposée ou diversifiée[1], je me sers particulièrement du nom de mode ou façon; et lorsque, de cette disposition ou changement elle peut être appelée telle, je nomme qualités les diverses façons qui font qu'elle est ainsi nommée. Enfin, lorsque je pense plus généralement que ces modes ou qualités sont en la substance, sans les considérer autrement que comme les dépendances de cette substance, je les nomme attributs[2]. Et, parce que je ne dois concevoir en Dieu aucune variété ni changement, je ne dis pas qu'il y ait en lui des modes ou des qualités[3], mais plutôt des attributs; et même dans les choses créées, ce qui se trouve en elles toujours de même sorte, comme l'existence et la durée en la chose qui existe et qui dure, je le nomme attribut, et non pas mode ou qualité.

LVII

Qu'il y a des attributs qui appartiennent aux choses auxquelles ils sont attribués, et d'autres qui dépendent de notre pensée.

De ces qualités ou attributs, il y en a quelques-uns qui sont dans les choses mêmes, et d'autres qui ne sont qu'en notre pensée; ainsi le temps[4], par exemple, que nous

[1] Descartes appelle mode ou façon ce qui change l'état de la substance, ronde, carrée, grande, petite, etc.

[2] Ces définitions sont un peu arbitraires. On prend souvent le mode pour l'attribut, l'attribut pour la propriété, etc. Si on s'en tenait à l'étymologie du mot, le mode serait la manière d'être, l'attribut la qualité qu'on attribue à une substance, la propriété ce qui lui appartient exclusivement. L'attribut, tel que l'entend ici Descartes, c'est ce qu'on nomme habituellement perfection. Ainsi on traite des attributs ou des perfections de Dieu.

[3] Parce que ces expressions indiquent quelque chose de changeant et de mobile, et qu'en Dieu l'être, l'essence et la substance sont une seule et même chose.

[4] Leibniz distingue le temps *réel* et le temps *abstrait*. Le temps réel est pour lui l'ordre des successions qui ont lieu dans les choses existantes, le temps abstrait est un ordre de succession que l'on conçoit possible. Le temps réel est dans les choses, mais le temps abstrait n'existe que dans notre pensée. Descartes entend ici par le temps la mesure de la durée.

distinguons de la durée prise en général, et que nous disons être le nombre du mouvement, n'est rien qu'une certaine façon dont nous pensons à cette durée; car nous ne concevons point que la durée des choses qui sont mues soit autre que celle des choses qui ne le sont point: comme il est évident de ce que si deux corps sont mus pendant une heure, l'un vite et l'autre lentement, nous ne comptons pas plus de temps en l'un qu'en l'autre, encore que nous supposions plus de mouvement en l'un de ces deux corps. Mais afin de comprendre la durée de toutes les choses sous une même mesure, nous nous servons ordinairement de la durée de certains mouvements réguliers qui font les jours et les années, et la nommons temps, après l'avoir ainsi comparée, bien qu'en effet ce que nous nommons ainsi ne soit rien hors de la véritable durée des choses qu'une façon de penser.

LVIII

Que les nombres et les universaux dépendent de notre pensée.

De même le nombre que nous considérons en général, sans faire réflexion sur aucune chose créée, n'est point hors de notre pensée, non plus que toutes ces autres idées générales que dans l'école on comprend sous le nom d'universaux [1].

[1] Porphyre, philosophe néoplatonicien d'Alexandrie (233-305), dans son *Introduction* aux *Catégories* d'Aristote, s'était demandé si les *universaux* ou les idées générales existent seulement dans la pensée, ou s'ils existent aussi dans les choses sensibles. Boèce avait repris cette question sans la résoudre, la trouvant trop difficile: *Altioris enim est philosophiæ*, avait-il dit. Elle a donné lieu aux querelles célèbres des nominalistes, des réalistes et des conceptualistes, qui ont agité les esprits pendant tout le moyen âge. Nous croyons que cette question a été très nettement et très clairement exposée et appréciée dans l'*Enseignement chrétien* (1885, p. 20 et suiv.).

LIX

Quels sont les universaux.

Qui se font de cela seul que nous nous servons d'une même idée pour penser à plusieurs choses particulières qui ont entre elles un certain rapport. Et lorsque nous comprenons sous un même nom les choses qui sont représentées par cette idée, ce nom est aussi universel[1]. Par exemple, quand nous voyons deux pierres, et que sans penser autrement à ce qui est de leur nature, nous remarquons seulement qu'il y en a deux, nous formons en nous l'idée d'un certain nombre que nous nommons le nombre de deux. Si voyant ensuite deux oiseaux ou deux arbres, nous remarquons, (sans penser aussi à ce qui est de leur nature), qu'il y en a deux, nous reprenons par ce même moyen la même idée que nous avions auparavant formée, et la rendons universelle, et le nombre aussi que nous nommons d'un nom universel le nombre de deux[2]. De même, lorsque nous considérons une figure de trois côtés, nous formons une certaine idée que nous nommons l'idée du triangle, et nous nous en servons ensuite à nous représenter généralement toutes les figures qui n'ont que trois côtés. Mais quand nous remarquons plus particulièrement que, des figures de trois côtés, les unes ont un angle droit et que les autres n'en ont point, nous formons en nous une idée universelle du triangle rectangle, qui, étant rapportée à la précédente qui est générale et plus universelle[3], peut être nommée espèce; et l'angle droit,

[1] C'est le caractère de tous les substantifs communs qui se trouvent dans les langues.

[2] Ce nombre devient un nom commun, une formule générale que nous appliquons à toute espèce d'objets.

[3] La première idée est l'idée de genre. « Le genre, dit Bossuet, est ce qui convient à plusieurs choses différentes en espèce, comme l'espèce est ce qui convient à plusieurs choses différentes seulement en nombre. » (*Log.*, liv. V, chap. xiv.) Ces idées de *genre* et *espèce* sont purement relatives. « La même idée,

la différence universelle par où les triangles rectangles diffèrent de tous les autres [1]. De plus, si nous remarquons que le carré du côté qui soutient l'angle droit est égal aux carrés des deux autres côtés, et que cette propriété convient seulement à cette espèce de triangles, nous la pourrons nommer propriété universelle [2] des triangles rectangles. Enfin, si nous supposons que de ces triangles les uns se meuvent et que les autres ne se meuvent point, nous prendrons cela pour un accident universel [3] en ces triangles; et c'est ainsi qu'on compte ordinairement cinq universaux; à savoir : le genre, l'espèce, la différence, le propre et l'accident [4].

LX

Des distinctions, et premièrement de celle qui est réelle.

Pour ce qui est du nombre que nous remarquons dans les choses mêmes, il vient de la distinction qui est entre elles : or il y a des distinctions de trois sortes, à savoir : une qui est réelle, une autre modale [5] et une autre qu'on appelle distinction de raison, et qui se fait par la

dit Port-Royal, peut être genre, étant comparée aux idées auxquelles elle s'étend, et espèce, étant comparée à une autre qui est plus générale. Mais on peut s'élever à un genre qui ne puisse être une espèce, c'est le suprême de tous les genres (*summum genus*), et descendre à une espèce qui n'ait que des individus au-dessous d'elle, c'est la dernière espèce (*species infima*).

[1] La différence consiste dans un attribut essentiel qui distingue une espèce d'une autre, comme étendu et raisonnable.

[2] « La propriété est ce qui est entendu dans la chose comme une suite de son essence; par exemple, la faculté de parler, qui est une suite de la raison, est une propriété de l'homme. » (Bossuet, *Log.*, liv. Ier, chap. XLVI.)

[3] L'accident universel ou *commun* est le mode qui ne peut exister naturellement que pour la substance, et qu'on ne peut par conséquent pas en séparer.

[4] Les deux premiers, le genre et l'espèce, représentent leurs objets comme des choses; on les exprime par des substantifs. Les trois autres représentent leurs objets comme des choses modifiées; on les désigne par des adjectifs. (V. la *Logique de Port-Royal*, Ire part., chap. VII.)

[5] Les logiciens opposent à la distinction des choses, qui est la

pensée. La réelle se trouve proprement entre deux ou plusieurs substances. Car nous pouvons conclure que deux substances sont réellement distinctes l'une de l'autre, de cela seul que nous en pouvons concevoir une clairement et distinctement sans penser à l'autre; parce que, suivant ce que nous connaissons de Dieu, nous sommes assurés qu'il peut faire tout ce dont nous avons une idée claire et distincte[1]. C'est pourquoi de ce que nous avons maintenant l'idée, par exemple, d'une substance étendue ou corporelle, bien que nous ne sachions pas encore certainement si une telle chose est à présent dans le monde, néanmoins, parce que nous en avons l'idée, nous pouvons conclure qu'elle peut être, et qu'en cas qu'elle existe, quelque partie que nous puissions déterminer de la pensée doit être distincte réellement de ses autres parties. De même, parce qu'un chacun de nous aperçoit en soi qu'il pense, et qu'il peut en pensant exclure de soi ou de son âme toute autre substance ou qui pense ou qui est étendue[2], nous pouvons conclure aussi qu'un chacun de nous, ainsi considéré, est réellement distinct de toute autre substance qui pense, et de toute substance corporelle. Et quand Dieu même joindrait si étroitement un corps à une âme, qu'il fût impossible de les unir davantage, et ferait un composé[3] de ces deux substances ainsi unies, nous concevons aussi qu'elles demeureraient toutes deux réellement distinctes[4], nonobstant cette union; parce que, quelque liaison que Dieu

distinction réelle, la distinction de raison, qui est la distinction abstraite ou formelle. Descartes a confondu lui-même la distinction modale avec cette dernière. (Cf. *Réponses aux premières objections*, édit. de Descartes, t. Ier, p. 395.)

[1] Toutes les choses dont nous avons une idée claire et distincte n'offrent rien de répugnant. Elles sont donc possibles, par conséquent Dieu les peut *faire*, car sans cela il ne serait pas tout-puissant.

[2] Nous pouvons en conclure l'individualité de moi, et son immatérialité.

[3] Un composé comme le composé humain, dans lequel l'âme et le corps sont substantiellement unis de manière à ne faire qu'une personne, un seul moi.

[4] Au lieu d'admettre, comme Locke, que la matière pourrait recevoir de Dieu la faculté de penser, Descartes exagère la distinction de l'âme et du corps, au point de créer entre l'un et l'autre un abîme infranchissable, de telle sorte qu'ils ne peuvent avoir d'action l'un sur l'autre.

ait mis entre elles, il n'a pu se défaire de la puissance qu'il avait de les séparer, ou bien de les conserver l'une sans l'autre, et que les choses que Dieu veut séparer ou conserver séparément les unes des autres sont réellement distinctes.

LXI

De la distinction modale.

Il y a deux sortes de distinction modale, à savoir : l'une entre le mode que nous avons appelé façon[1], et la substance dont il dépend et qu'il diversifie, et l'autre entre deux différentes façons d'une même substance. La première est remarquable en ce que nous pouvons apercevoir clairement la substance, sans la façon qui diffère d'elle en cette sorte; mais que réciproquement nous ne pouvons avoir une idée distincte d'une telle façon[2] sans penser à une telle substance. Il y a par exemple une distinction modale entre la figure ou le mouvement, et la substance corporelle dont ils dépendent tous deux; il y en a aussi entre assurer ou se ressouvenir[3], et la chose qui pense. Pour l'autre sorte de distinction qui est entre deux différentes façons d'une même substance, elle est remarquable en ce que nous pouvons connaître l'une de ces façons sans l'autre, comme la figure sans le mouvement, et le mouvement sans la figure; mais que nous ne pouvons penser distinctement ni à l'une ni à l'autre que nous ne sachions qu'elles dépendent toutes deux d'une même substance. Par exemple, si une pierre est mue, et avec cela carrée, nous pouvons connaître la figure carrée, sans savoir qu'elle soit mue[4] ; et réciproquement, nous pouvons savoir qu'elle est mue, sans savoir si

[1] Ou manière d'être.

[2] Nous pouvons penser à la substance sans penser au mode, mais non réciproquement.

[3] Assurer ou se ressouvenir; entre le jugement, qui est la faculté qui affirme, et la mémoire, qui est la faculté qui se ressouvient.

[4] On peut faire abstraction du mouvement, et ne s'occuper que de la figure. C'est ainsi que nous pouvons nous occuper de la sphéricité de la terre sans penser à son mouvement, et réciproquement.

elle est carrée; mais nous ne pouvons avoir une connaissance distincte de ce mouvement et de cette figure, si nous ne connaissons qu'ils sont tous deux en une même chose, à savoir en la substance de cette pierre. Pour ce qui est de la distinction dont la façon d'une substance est différente d'une autre substance, ou bien de la façon d'une autre substance, comme le mouvement d'un corps est différent d'un autre corps ou d'une chose qui pense, ou bien comme le mouvement est différent du doute, il me semble qu'on la doit nommer réelle, plutôt que modale, à cause que nous ne saurions connaître les modes sans les substances dont ils dépendent, et que les substances sont réellement distinctes les unes des autres.

LXII

De la distinction qui se fait par la pensée.

Enfin, la distinction qui se fait par la pensée consiste en ce que nous distinguons quelquefois une substance de quelqu'un de ses attributs, sans lequel néanmoins il n'est pas possible que nous en ayons une connaissance distincte; ou bien en ce que nous tâchons de séparer d'une même substance deux tels attributs, en pensant à l'un sans penser à l'autre[1]. Cette distinction est remarquable, en ce que nous ne saurions avoir une idée claire et distincte d'une telle substance, si nous lui ôtons un tel attribut; ou bien en ce que nous ne saurions avoir une idée claire et distincte de l'un de deux, ou plusieurs tels attributs, si nous le séparons des autres. Par exemple, à cause qu'il n'y a point de substance qui ne cesse d'exister lorsqu'elle cesse de durer, la durée n'est distincte de la substance que par la pensée; et généralement tous les attributs qui font que nous avons des pensées diverses d'une même chose,

[1] Descartes tient à préciser toutes ces sortes d'abstractions, pour que nous n'en soyons pas dupes.

tels que sont, par exemple, l'étendue du corps et sa propriété d'être divisé en plusieurs parties, ne diffèrent du corps qui nous sert d'objet, et réciproquement l'un de l'autre, qu'à cause que nous pensons quelquefois confusément à l'un sans penser à l'autre. Il me souvient d'avoir mêlé la distinction qui se fait par la pensée avec la modale, sur la fin des réponses que j'ai faites aux premières objections qui m'ont été envoyées sur les *Méditations* de ma métaphysique [1], mais cela ne répugne point à ce que j'écris en cet endroit, parce que, n'ayant pas dessein de traiter pour lors fort amplement de cette matière, il me suffisait de les distinguer toutes deux de la réelle.

LXIII

Comment on peut avoir des notions distinctes de l'extension et de la pensée, en tant que l'une constitue la nature du corps, et l'autre celle de l'âme.

Nous pouvons aussi considérer la pensée et l'étendue, comme les choses principales qui constituent la nature de la substance intelligente et corporelle; et alors nous ne devons point les concevoir autrement que comme la substance même qui pense et qui est étendue, c'est-à-dire comme l'âme et le corps [2]. Car nous les connaissons en cette sorte très clairement et très distinctement. Il est même plus aisé de connaître une substance qui pense, ou une sub-

[1] « Pour ce qui regarde la distinction formelle que mon docte adversaire dit avoir prise de Scot, je réponds brièvement qu'elle ne diffère point de la modale. » (V. *Réponses aux premières objections*, édit. Cousin, t. I, p. 395.)

[2] Descartes, en séparant aussi profondément l'âme et le corps, l'esprit et la matière, avait pour but de combattre le matérialisme, en l'obligeant à reconnaître ces deux substances comme tellement distinctes, qu'il ne lui fût pas possible de jamais les confondre. Mais sa définition de l'âme et du corps est loin d'être exacte. Tous les inconvénients qu'elle entraîne ont été parfaitement indiqués dans l'*Enseignement chrétien* (1883, p. 214-215). Il est d'ailleurs très difficile de concilier l'idée de Descartes sur l'essence de la matière, avec la doctrine catholique sur l'Eucharistie.

stance étendue, que la substance toute seule, laissant à part si elle pense ou si elle est étendue; parce qu'il y a quelque difficulté à séparer la notion que nous avons de la substance, de celle que nous avons de la pensée et de l'étendue : car elles ne diffèrent de la substance que par cela seul que nous considérons quelquefois la pensée ou l'étendue sans faire réflexion sur la chose même qui pense ou qui est étendue. Et notre conception n'est pas plus distincte, parce qu'elle comprend peu de choses, mais parce que nous discernons soigneusement ce qu'elle comprend, et que nous prenons garde à ne le point confondre avec d'autres notions qui la rendraient plus obscure.

LXIV

Comment on peut aussi les concevoir distinctement en les prenant pour des modes ou attributs de ces substances.

Nous pouvons considérer aussi la pensée et l'étendue[1] comme des modes ou des façons différentes qui se trouvent en la substance; c'est-à-dire, que lorsque nous considérons qu'une même âme peut avoir plusieurs pensées diverses, et qu'un même corps avec sa même grandeur peut être étendu en plusieurs façons, tantôt plus en longueur et moins en largeur ou en profondeur, et quelquefois au contraire plus en largeur et moins en longueur; et que nous ne distinguons la pensée et l'étendue de ce qui pense et de ce qui est étendu, que comme les dépendances d'une chose

[1] Pour Descartes, la pensée est l'essence de l'âme, et l'étendue l'essence du corps; il définit l'âme *res cogitans*, et le corps, *res extensa;* ces deux définitions ne sont satisfaisantes ni l'une ni l'autre; la première assimile trop l'âme humaine à un pur esprit; elle est esprit, mais elle est faite pour être unie au corps. La seconde ne permet pas de rendre compte de tous les phénomènes qui se passent dans les corps. « Avec l'étendue toute seule, et sans un principe interne, on ne peut, dit Leibniz, concevoir l'individualisation des corps, l'adhérence de leurs parties et la continuité de leurs parties. » Gassendi, tout atomiste qu'il était, combattit la doctrine de Descartes, et proposa de substituer l'impénétrabilité à l'étendue.

de la chose même dont elles dépendent; nous les connaissons aussi clairement et aussi distinctement que leurs substances, pourvu que nous ne pensions point qu'elles subsistent d'elles-mêmes[1], mais qu'elles sont seulement des façons ou des dépendances de quelques substances. Car quand nous les considérons comme les propriétés des substances dont elles dépendent, nous les distinguons[2] aisément de ces substances, et les prenons pour telles qu'elles sont véritablement: au lieu que si nous voulions les considérer sans substance, cela pourrait être cause que nous les prendrions pour des choses qui subsistent d'elles-mêmes[3]; en sorte que nous confondrions l'idée que nous devons avoir de la substance avec celle que nous devons avoir de ses propriétés.

LXV

Comment on conçoit aussi leurs diverses propriétés ou attributs.

Nous pouvons aussi concevoir fort distinctement plusieurs diverses façons de penser, comme entendre, imaginer, se souvenir, vouloir[4], etc., et plusienrs diverses façons d'étendue, ou qui appartient à l'étendue, comme généralement toutes les figures, la situation des parties et leurs mouvements, pourvu que nous les considérions simplement comme des dépendances des substances où elles sont; et quant à ce qui est du mouvement[5], pourvu que nous pen-

[1] *Res,* voilà le sujet, la substance; *cogitans, extensa,* sont les propriétés essentielles de la substance spirituelle et de la substance corporelle.

[2] C'est une distinction rationnelle, une abstraction.

[3] Ce qu'on appelait des *entités* dans le langage de l'école.

[4] Il ne faut pas oublier que par le *cogito, cogitans*, Descartes n'entend pas seulement l'intelligence avec toutes les opérations propres à la connaissance, mais encore la volonté avec tous ses actes. (V. plus haut sa *définition de la pensée*, p. 77, note 2.)

[5] « La géométrie, dit Pascal, ne définit aucune de ces choses: *espace, temps, mouvement, nombre, égalité*, ni les semblables qui sont en grand nombre, parce que ces termes-là désignent si naturellement les choses qu'ils signifient, à ceux qui entendent la langue, que l'éclaircissement qu'on en voudrait

sions seulement à celui qui se fait d'un lieu en autre, sans rechercher la force qui le produit, laquelle toutefois j'essayerai de faire connaître lorsqu'il en sera temps [1].

LXVI

Que nous avons aussi des notions distinctes de nos sentiments, de nos affections et de nos appétits, bien que souvent nous nous trompons aux jugements que nous en faisons.

Il ne reste plus que les sentiments, les affections et les appétits, desquels nous pouvons avoir aussi une connaissance claire et distincte, pourvu que nous prenions garde à ne comprendre dans les jugements que nous en ferons que ce que nous connaîtrons précisément par la clarté de notre perception, et dont nous serons assurés par la raison. Mais il est malaisé d'user continuellement d'une telle précaution, au moins à l'égard de nos sentiments, à cause que nous avons cru, dès le commencement de notre vie, que toutes les choses que nous sentions avaient une existence hors de notre pensée, et qu'elles étaient entièrement semblables aux sentiments ou aux idées que nous avions à leur occasion [2]. Ainsi, lorsque nous avons vu, par exemple, une certaine couleur, nous avons cru voir une chose qui subsistait hors de nous et qui était semblable à l'idée que nous avions [3]. Or nous avons ainsi jugé en tant de ren-

faire apporterait plus d'obscurité que d'instruction. » (*De l'esprit géométrique.*)

[1] C'est ce qu'il fait au livre II des *Principes*, n° 24 et suiv.

[2] Les idées obscures et confuses, dit Port-Royal, sont celles que nous avons des qualités sensibles, comme des couleurs, des sons, des odeurs, des goûts, du froid, du chaud, de la pesanteur, etc. Comme aussi de nos appétits, de la faim, de la soif, de la douleur corporelle. (*Logique*, Ire part., chap. IX).

[3] Arnauld reproduit la pensée de Descartes : « L'âme qui voyait que ce n'était pas par sa volonté que ces sentiments s'excitaient en elle, mais qu'elle ne les avait qu'à l'occasion de certains corps, comme elle sentait de la chaleur en s'approchant du feu, ne s'est pas contentée de juger qu'il y avait quelque chose hors d'elle qui était cause qu'elle avait ces sentiments, en quoi elle ne se serait pas trompée; mais elle a passé plus outre, ayant cru que ce qui était dans ces

contres, et il nous a semblé voir cela si clairement et si distinctement, à cause que nous étions accoutumés à juger de la sorte, qu'on ne doit pas trouver étrange que quelques-uns demeurent ensuite tellement persuadés de ce faux préjugé, qu'ils ne puissent pas même se résoudre à en douter.

LXVII

Que souvent même nous nous trompons en jugeant que nous sentons de la douleur en quelque partie de notre corps.

La même prévention a eu lieu en tous nos autres sentiments, même en ce qui est du chatouillement et de la douleur. Car encore que nous n'ayons pas cru qu'il y eût hors de nous, dans les objets extérieurs, des choses qui fussent semblables au chatouillement ou à la douleur qu'ils nous faisaient sentir, nous n'avons pourtant pas considéré ces sentiments comme des idées qui étaient seulement en notre âme, mais aussi nous avons cru qu'ils étaient dans nos mains, dans nos pieds, et dans les autres parties de notre corps [1]; sans toutefois qu'il y ait aucune raison qui nous oblige à croire que la douleur que nous sentons, par exemple, au pied, soit quelque chose hors de notre pensée qui soit dans notre pied, ni que la lumière que nous pensons voir dans le soleil soit dans le soleil ainsi qu'elle est en nous [2]. Et si quelques-uns se laissent encore persuader

objets était entièrement semblable aux sentiments ou aux idées qu'elle avait à leur occasion; et de ces jugements, elle en forma des idées, en transportant ces sentiments de chaleur, de couleur, etc., dans les choses mêmes qui sont hors d'elle, et ce sont là ces idées obscures et confuses que nous avons des qualités sensibles, l'âme ayant ajouté ses faux jugements à ce que la nature lui faisait connaître. »

[1] La douleur n'est que dans l'âme, et elle y est produite à l'occasion de ce qui se passe dans la main, dans le pied ou dans les autres organes affectés. La douleur résulte de l'ébranlement que les nerfs communiquent au cerveau. C'est ce que Bossuet a parfaitement développé. (*De la Connaissance de Dieu et de soi-même,* chap. III.)

[2] D'après les derniers résultats de la science, relativement à la na-

à une si fausse opinion, ce n'est qu'à cause qu'ils font si grand cas des jugements qu'ils ont faits lorsqu'ils étaient enfants, qu'ils ne sauraient les oublier pour en faire d'autres plus solides, comme il paraîtra encore plus manifestement par ce qui suit.

LXVIII

Comment on doit distinguer en telles choses ce en quoi on se peut tromper d'avec ce qu'on conçoit clairement.

Mais afin que nous puissions distinguer ici ce qu'il y a de clair en nos sentiments d'avec ce qui est obscur, nous remarquerons en premier lieu que nous connaissons clairement et distinctement la douleur, la couleur, et les autres sentiments, lorsque nous les considérons simplement comme des pensées [1]; mais que, quand nous voulons juger que la couleur, que la douleur, etc., sont des choses qui subsistent hors de notre pensée, nous ne concevons en aucune façon quelle chose c'est que cette couleur ou cette douleur, etc. Il en est de même lorsque quelqu'un nous dit qu'il voit de la couleur dans un corps, ou qu'il sent de la douleur en quelqu'un de ses membres; car c'est de même que s'il nous disait qu'il voit ou qu'il sent quelque chose, mais qu'il ignore entièrement quelle est la nature de cette chose, ou bien qu'il n'a pas une connaissance distincte de ce qu'il voit et de ce qu'il sent. Car encore que, lorsqu'il n'examine pas ses pensées avec attention, il se persuade peut-être qu'il en a quelque connaissance, à cause qu'il suppose que la couleur qu'il croit voir dans un objet a de

ture intime des propriétés matérielles que nous pouvons percevoir, le son, la lumière, la chaleur, l'électricité, le magnétisme, tout se résout dans l'idée du mouvement. « Il n'y a dans la nature, dit M. Janet, ni chaud, ni froid, ni lumière, ni obscurité, ni bruit, ni silence, il n'y a que des mouvements variés dont la mécanique détermine les lois et les mouvements. »

[1] Lorsque nous les considérons en nous-mêmes subjectivement; mais la confusion, l'obscurité, se font lorsque nous les considérons objectivement.

la ressemblance avec le sentiment qu'il éprouve en soi[1]; néanmoins, s'il fait réflexion sur ce qui lui est représenté par la couleur ou par la douleur, en tant qu'elles existent dans un corps coloré, ou bien dans une partie blessée, il trouvera sans doute qu'il n'en a pas de connaissance.

LXIX

Qu'on connaît tout autrement les grandeurs, les figures, etc., que les couleurs et les douleurs, etc.

Principalement s'il considère qu'il connaît bien d'une autre façon ce que c'est que la grandeur dans le corps qu'il aperçoit, ou la figure[2], ou le mouvement, au moins celui qui se fait d'un lieu en un autre (car les philosophes, en feignant d'autres mouvements que celui-ci, ont fait voir qu'ils ne connaissaient pas bien sa vraie nature), ou la situation des parties, ou la durée, ou le nombre et les autres

[1] L'opposition que Descartes prétend établir entre le sentiment des philosophes et celui du vulgaire, au sujet de la nature de ces qualités sensibles, est plus apparente que réelle. « Quand le philosophe, dit Thomas Reid, avance qu'il n'y a point de chaleur dans le feu, qu'est-ce qu'il entend? Que le feu n'éprouve pas la sensation de la chaleur; il a raison, et s'il prend la peine de s'expliquer, le vulgaire sera de son avis; mais il s'exprime mal, car il y a réellement dans le feu une qualité qu'on appelle *chaleur*, et les philosophes et le vulgaire désignent plus souvent par ce nom la qualité que la sensation. Les philosophes prennent donc le terme dans un sens, et le vulgaire l'entend dans un autre. Dans le sens du vulgaire, la proposition est absurde, et le vulgaire reconnaît qu'elle l'est; dans le sens des philosophes, elle est vraie, et le vulgaire l'avouera aussitôt qu'il l'aura comprise : il sait très bien que le feu ne sent pas la chaleur, et c'est tout ce que le philosophe entend, en disant qu'il n'y a pas de chaleur dans le feu. » (Reid, *Œuvres complètes*, t. III. *Essais sur les facultés intellectuelles*, II, 17.)

[2] On distingue les qualités primaires de la matière et les qualités secondaires. D'après Dugald-Stewart et Thomas Reid, les qualités primaires, qui sont les qualités essentielles de la matière, se réduisent à deux : l'étendue et la solidité. Les qualités secondaires sont : le froid, le chaud, la couleur, le son, l'odeur. Elles ne sont pas essentielles à la matière, et nous ne les connaissons que par les impressions qu'elles produisent sur nous.

propriétés que nous apercevons clairement en tous les corps, comme il a été déjà remarqué; que non pas ce que c'est que la couleur dans le même corps, ou la douleur, l'odeur, le goût, la saveur, et tout ce que j'ai dit devoir être attribué au sens. Car encore que voyant un corps nous ne soyons pas moins assurés de son existence par la couleur que nous apercevons à son occasion que par la figure qui le termine, toutefois il est certain que nous connaissons tout autrement[1] en lui cette propriété, qui est cause que nous disons qu'il est figuré, que celle qui fait qu'il nous semble qu'il est coloré.

LXX.

Que nous pouvons juger en deux façons des choses sensibles, par l'une desquelles nous tombons en erreur, et par l'autre nous l'évitons.

Il est donc évident, lorsque nous disons à quelqu'un que nous apercevons des couleurs dans les objets, qu'il en est de même que si nous lui disions que nous apercevons en ces objets je ne sais quoi dont nous ignorons la nature, mais qui cause pourtant en nous un certain sentiment fort clair et fort manifeste, qu'on nomme le sentiment des couleurs. Mais il y a bien de la différence en nos jugements. Car tant que nous nous contentons de croire qu'il y a je ne sais quoi dans les objets (c'est-à-dire dans les choses telles qu'elles soient), qui cause en nous ces pensées confuses qu'on nomme sentiments, tant s'en faut que nous nous méprenions, qu'au contraire nous évitons la surprise qui nous pourrait faire méprendre, à cause que nous ne nous

[1] Les qualités primaires des corps, comme la forme ou l'étendue, sont absolues, c'est-à-dire qu'elles sont indépendantes de nos sens, et nous les connaissons directement telles qu'elles sont en dehors de nous. Au contraire, les qualités secondaires sont relatives, et l'idée que nous en avons, résultant de l'impression qu'elles produisent sur nous, elles ne sont point hors de nous ce qu'elles sont en nous. C'est ce qui fait que la connaissance de ces dernières est confuse et obscure, tandis que nous avons une idée si claire et si distincte des autres, que nous sommes portés irrésistiblement à affirmer leur objectivité.

emportons pas sitôt à juger témérairement d'une chose que nous remarquons ne pas bien connaître. Mais lorsque nous croyons apercevoir une certaine couleur dans un objet, bien que nous n'ayons aucune connaissance distincte de ce que nous appelons d'un tel nom, et que notre raison ne nous fasse apercevoir aucune ressemblance entre la couleur que nous supposons être en cet objet et celle qui est en notre pensée; néanmoins, parce que nous ne prenons pas garde à cela, et que nous remarquons en ces mêmes objets plusieurs propriétés, comme la grandeur, la figure, le nombre, etc., qui existent en eux de la même sorte que nos sens ou plutôt notre entendement nous les fait apercevoir, nous nous laissons persuader aisément que ce qu'on nomme couleur dans un objet est quelque chose qui existe en cet objet et qui ressemble entièrement à la couleur qui est en notre pensée. Et ensuite nous pensons apercevoir clairement en cette chose ce que nous n'apercevons en aucune façon appartenir à sa nature [1].

LXXI

Que la première et principale cause de nos erreurs sont les préjugés de notre enfance.

C'est ainsi que nous avons reçu la plupart de nos erreurs [2]; à savoir pendant les premières années de notre vie, que notre âme était si étroitement liée au corps, qu'elle ne s'appliquait à autre chose qu'à ce qui causait en lui quelques impressions; elle ne considérait pas encore si ces impressions étaient causées par des choses qui exis-

[1] Arnauld a développé très longuement ces observations de Descartes dans la *Logique de Port-Royal*, Ire part., chap. IX, X, et XI.

[2] Il ne faut pas oublier que, d'après Descartes, le jugement est volontaire. Par conséquent, dans l'énumération des causes de nos erreurs, il ne doit admettre que les causes morales. Il est moins complet et moins exact que la *Logique de Port-Royal*, qui distingue les sophismes de l'intellect et les sophismes de la volonté. (IIIe part., chap. XIX et XX.)

tassent hors de soi, mais seulement elle sentait de la douleur lorsque le corps en était offensé, ou du plaisir lorsqu'il en recevait de l'utilité; ou bien si elles étaient si légères que le corps n'en reçût point de commodité, ni aussi d'incommodité qui fût importante à sa conservation, elle avait des sentiments tels que sont ceux qu'on nomme goût, odeur, son, chaleur, froid, lumière, couleur, et autres semblables, qui véritablement ne nous représentent rien qui existe hors de notre pensée, mais qui sont divers[1] selon les diversités qui se rencontrent dans les mouvements, qui passent de tous les endroits de notre corps jusques à l'endroit du cerveau, auquel elle est étroitement jointe et unie. Elle apercevait aussi des grandeurs, des figures et des mouvements qu'elle ne prenait pas pour des sentiments, mais pour des choses ou des propriétés, de certaines choses qui lui semblaient exister, ou du moins pouvoir exister hors de soi, bien qu'elle n'y remarquât pas encore cette différence. Mais lorsque nous avons été quelque peu plus avancés en âge, et que notre corps, se tournant fortuitement de part et d'autre par la disposition de ses organes, a rencontré des choses utiles, ou en a évité de nuisibles, l'âme qui lui était étroitement unie, faisant réflexion sur les choses qu'il rencontrait ou évitait, a remarqué premièrement qu'elles existaient au dehors, et ne leur a pas attribué seulement les grandeurs, les figures, les mouvements, et les autres propriétés qui appartiennent véritablement au corps, et qu'elle concevait fort bien ou comme des choses, ou comme les dépendances de quelques choses, mais encore les couleurs, les odeurs, et toutes les autres idées de ce genre qu'elle apercevait aussi à leur occasion[2]. Et comme elle était si

[1] Les idées qui naissent de ces propriétés secondaires des corps sont diverses, parce que les impressions produites en l'âme par ces propriétés sont relatives. Elles varient avec les individus, et elles changent dans le même individu suivant les diverses dispositions qu'amènent en lui l'âge, l'humeur, le tempérament et une foule d'autres circonstances.

[2] Ces préjugés d'enfance sont très difficiles à déraciner. Ce sont de faux jugements que l'on a portés sans examen, et qu'il est presque impossible de détruire, précisément parce qu'ils sont sans fondement. « Quand les hommes, dit Hobbes, ont

fort offusquée du corps, qu'elle ne considérait les autres choses qu'autant qu'elles servaient à son usage, elle jugeait qu'il y avait plus ou moins de réalité en chaque objet, selon que les impressions qu'il causait lui semblaient plus ou moins fortes. De là vient qu'elle a cru qu'il y avait beaucoup plus de substance ou de corps dans les pierres et dans les métaux que dans l'air ou dans l'eau[1], parce qu'elle y sentait plus de dureté et de pesanteur; et qu'elle n'a considéré l'air non plus que rien lorsqu'il n'était agité d'aucun vent, et qu'il ne lui semblait ni chaud ni froid. Et parce que les étoiles ne lui faisaient guère plus sentir de lumière que des chandelles allumées, elle n'imaginait pas que chaque étoile fût plus grande que la flamme qui paraît au bout d'une chandelle qui brûle. Et parce qu'elle ne considérait pas encore si la terre peut tourner sur son essieu, et si sa superficie est courbée comme celle d'une boule, elle a jugé d'abord qu'elle était immobile[2], et que sa superficie était plate. Et nous avons été par ce moyen si fort prévenus de mille autres préjugés, que, lors même que nous étions capables de bien user de notre raison, nous les avons reçus en notre créance; et au lieu de penser que nous avions fait ces jugements en un temps que nous n'étions pas capables de bien juger, et par conséquent qu'ils pouvaient être plutôt faux que vrais, nous les avons reçus pour aussi certains que si nous en avions eu une con-

une fois acquiescé à des opinions fausses, et qu'ils les ont authentiquement enregistrées dans leur esprit, il est tout aussi impossible de leur parler intelligiblement, que d'écrire lisiblement sur un papier déjà brouillé d'écriture. »

[1] D'après Descartes, la matière est homogène ; elle a pour essence l'étendue, et elle existe partout; puisque l'étendue est partout; par conséquent le vide est une absurdité.

[2] Dans ces matières nous sommes naturellement dupes des apparences. Ce n'est qu'après bien des siècles que les savants sont arrivés à saisir la vérité sur ces divers points. Six cents ans avant J.-C. les philosophes grecs ne connaissaient pas la vraie forme de la terre. Aristote et ses disciples ont cru que la terre tournait autour du soleil. Ptolémée a prétendu que c'était le soleil qui tournait autour de la terre, et son système a été suivi pendant tout le moyen âge. Dans les temps modernes, Copernic a repris l'hypothèse des péripatéticiens, et aujourd'hui on croit que c'est une chose démontrée.

naissance distincte par l'entremise de nos sens, et n'en avons non plus douté que s'ils eussent été des notions communes [1].

LXXII

Que la seconde est que nous ne pouvons oublier ces préjugés.

Enfin, lorsque nous avons atteint l'usage entier de notre raison, et que notre âme n'étant plus si sujette au corps, tâche à bien juger des choses et à connaître leur nature, bien que nous remarquions que les jugements que nous avons faits lorsque nous étions enfants sont pleins d'erreur, nous avons toutefois assez de peine à nous en délivrer entièrement [2]; et néanmoins il est certain que si nous ne nous en délivrons et ne les considérons comme faux ou incertains nous serons toujours en danger de retomber en quelque fausse prévention. Cela est tellement vrai, qu'à cause que dès notre enfance nous avons imaginé, par exemple, les étoiles fort petites, nous ne saurions nous défaire encore de cette imagination, bien que nous connaissions par les raisons de l'astronomie qu'elles sont fort grandes; tant a de pouvoir sur nous une opinion déjà reçue!

[1] Indépendamment des préjugés de naissance dont parle ici Descartes, il y a les préjugés de nation, de parti, de secte, de famille, qui ne sont pas moins féconds ni moins difficiles à vaincre. C'est ce que Bacon appelle dans son langage métaphorique : *idola tribus*.

[2] Il nous en coûte toujours de reconnaître que nous nous sommes trompés. L'amour-propre ne trouve pas son compte dans ces rétractations. De plus, nous sommes généralement paresseux. Nous aimons à trouver des jugements tout faits, nous les répétons après beaucoup d'autres, sans prendre la peine d'examiner s'ils sont fondés ou s'ils ne le sont pas.

LXXIII

La troisième, que notre esprit se fatigue quand il se rend attentif à toutes les choses dont nous jugeons.

De plus, comme notre âme ne saurait s'arrêter à considérer longtemps une même chose avec attention[1], sans se peiner et même sans se fatiguer, et qu'elle ne s'applique à rien avec tant de peine qu'aux choses purement intelligibles qui ne sont présentes ni aux sens ni à l'imagination, soit que naturellement elle ait été faite ainsi, à cause qu'elle est unie au corps, ou que pendant les premières années de notre vie nous nous soyons si fort accoutumés à sentir et imaginer, que nous ayons acquis une facilité plus grande à penser de cette sorte, de là vient que beaucoup de personnes ne sauraient croire qu'il y ait des substances, si elles ne sont imaginables et corporelles, et même sensibles. Car on ne prend pas garde ordinairement qu'il n'y a que les choses qui consistent en étendue, en mouvement et en figure, qui soient imaginables, et qu'il y en a quantité d'autres que celles-là qui sont intelligibles. De là vient aussi que la plupart du monde se persuade qu'il n'y a rien qui puisse subsister sans corps, et même qu'il n'y a point de corps qui ne soit sensible. Et d'autant que ce ne sont point nos sens qui nous font découvrir la nature de quoi que ce soit, mais seulement notre raison[2]

[1] La faiblesse générale de l'esprit humain est assurément la première cause de toutes nos erreurs. Les logiciens indiquent à chaque erreur le remède qu'on peut y apporter. Assurément, si on l'appliquait on se tromperait rarement. Bossuet dit même que « l'entendement, purgé de ces vices et attentif à son objet, ne se tromperait jamais ». Mais il est impossible de l'élever à cette perfection, et c'est pour ce motif qu'il sera toujours vrai de dire : *Errare humanum est.*

[2] « A proprement parler, dit Bossuet, il n'y a point d'erreur dans le sens qui fait toujours ce qu'il doit, puisqu'il est fait pour opérer selon les dispositions, non seulement des objets, mais des organes. C'est à l'entendement, qui doit juger des organes mêmes, à tirer des sensations les conséquences nécessaires, et s'il se laisse surprendre, c'est lui qui se trompe. »

lorsqu'elle y intervient, on ne doit pas trouver étrange que la plupart des hommes n'aperçoivent les choses que fort confusément, vu qu'il n'y en a que très peu qui s'étudient à la bien conduire.

LXXIV

La quatrième, que nous attachons nos pensées à des paroles qui ne les expriment pas exactement.

Au reste, parce que nous attachons nos conceptions à certaines paroles, afin de les exprimer de bouche, et que nous nous souvenons plutôt des paroles que des choses, à peine saurions-nous concevoir aucune chose si distinctement, que nous séparions entièrement ce que nous concevons d'avec les paroles qui avaient été choisies pour l'exprimer. Ainsi, la plupart des hommes donnent leur attention aux paroles plutôt qu'aux choses [1]; ce qui est cause qu'ils donnent bien souvent leur consentement à des termes qu'ils n'entendent point, et qu'ils ne se soucient pas beaucoup d'entendre, soit parce qu'ils croient les avoir autrefois entendus, soit parce qu'il leur a semblé que ceux qui les leur ont enseignés en connaissaient la signification, et qu'ils l'ont apprise par même moyen. Et, bien que ce ne soit pas ici l'endroit où je dois traiter de cette matière, à cause que je n'ai pas enseigné quelle est la nature du corps

[1] « Un abus général, dit Leibniz, mais peu remarqué, c'est que les hommes, ayant attaché certaines idées à certains mots, par un long usage, s'imaginent que cette connexion est manifeste et que tout le monde en convient. D'où vient qu'ils trouvent fort étrange, quand on leur demande la signification des mots qu'ils emploient, lors même que cela est absolument nécessaire. Il y a peu de gens qui ne le prissent pour un affront, si on leur demandait ce qu'ils entendent en parlant de la vie. (*Nouveaux essais sur l'entendement humain,* liv. III ch. x.) Que d'autres mots aussi vagues comme *nature, liberté, libéral, progrès,* qui ont donné lieu à une foule de malentendus, parce qu'ils n'ont jamais été définis! (Relativement à tous les faux jugements que peuvent produire les habiletés de la parole, V. la *Logique de Port-Royal,* IIIe part. ch. xx : *Des faux raisonnements qui naissent des objets mêmes,* II.)

humain et que je n'ai pas même encore prouvé qu'il y ait au monde aucun corps, il me semble néanmoins que ce que j'en ai dit nous pourra servir à discerner celles de nos conceptions, qui sont claires et distinctes, d'avec celles où il y a de la confusion, et qui nous sont inconnues[1].

LXXV

Abrégé de tout ce qu'on doit observer pour bien philosopher.

C'est pourquoi, si nous désirons vaquer sérieusement à l'étude de la philosophie et à la recherche de toutes les vérités que nous sommes capables de connaître, nous nous délivrerons en premier lieu de nos préjugés[2], et ferons état de rejeter toutes les opinions que nous avons autrefois reçues en notre créance, jusques à ce que nous les ayons derechef examinées. Nous ferons ensuite une revue sur les notions qui sont en nous, et ne recevrons pour vraies que celles qui se présenteront clairement et distinctement à notre entendement[3]. Par ce moyen nous connaîtrons premièrement que nous sommes, en tant que notre nature est de penser[4], et qu'il y a un Dieu duquel nous dépendons; et après avoir considéré ses attributs[5], nous pourrons

[1] Descartes ne parle point des erreurs qui viennent de nos passions : c'est pourtant la source la plus féconde. Nous aimons mieux la classification de Malebranche, qui ramène toutes nos erreurs à cinq classes : 1° Erreurs des sens, et spécialement de la vue; 2° erreurs de l'imagination, « cette folle qui se plaît à faire la folle; » 3° erreurs de l'entendement (défaut d'application, abus de généralisation); 4° erreurs des inclinations (inquiétude de la volonté, amour des richesses, du plaisir); 5° erreurs des passions (admiration de soi et des autres, amour, etc.). Cette classification est plus complète que celle de Descartes, mais elle manque aussi de précision.

[2] Pour combattre les préjugés il n'y a rien de mieux que la méthode cartésienne; mais il faut l'appliquer avec réserve et se renfermer dans certaines limites.

[3] « La vraie règle de bien juger, dit Fénelon, est de ne juger que quand on voit clair. »

[4] L'existence de l'âme est la première chose que Descartes établit.

[5] La seconde vérité, suivant la méthode cartésienne, c'est l'existence de Dieu avec ses attributs.

rechercher la vérité de toutes les autres choses, parce qu'il en est la cause[1]. Outre les notions que nous avons de Dieu et de notre pensée, nous trouverons aussi en nous la connaissance de beaucoup de propositions qui sont perpétuellement vraies, comme, par exemple, que le néant ne peut être l'auteur de quoi que ce soit, etc. Nous y trouverons l'idée d'une nature corporelle ou étendue, qui peut être mue, divisée, etc., et des sentiments qui causent en nous certaines dispositions, comme la douleur, les couleurs, etc., et, comparant ce que nous venons d'apprendre en examinant ces choses par ordre, avec ce que nous en pensions avant que de les avoir ainsi examinées, nous nous accoutumerons à former des conceptions claires et distinctes sur tout ce que nous sommes capables de connaître[2]. C'est en ce peu de préceptes que je pense avoir compris tous les principes les plus généraux et les plus importants de la connaissance humaine.

LXXVI

Que nous devons préférer l'autorité divine à nos raisonnements, et ne rien croire de ce qui n'est pas révélé que nous ne le connaissions fort clairement.

Surtout nous tiendrons pour règle infaillible que ce que Dieu a révélé est incomparablement plus certain que le reste[3], afin que si quelque étincelle de raison semblait nous suggérer quelque chose au contraire, nous soyons toujours prêts à soumettre notre jugement à ce qui

[1] Nous la pouvons trouver, parce qu'il est infiniment bon et infiniment vrai, et qu'il n'a pu nous donner des facultés capables de nous induire fatalement en erreur.

[2] C'est ce que Descartes se propose dans les livres suivants de ses *Principes de philosophie*, où il traite des choses matérielles, du monde visible et de la terre.

[3] Descartes protesta toujours de sa soumission aux vérités révélées et de son adhésion à toutes les décisions de l'Église catholique, qu'il considérait comme l'interprète établie par Jésus-Christ pour juger de la doctrine.

vient de sa part. Mais pour ce qui est des vérités dont la théologie ne se mêle point[1], il n'y aurait pas d'apparence, qu'un homme qui veut être philosophe, reçût pour vrai ce qu'il n'a point connu être tel, et qu'il aimât mieux se fier à ses sens, c'est-à-dire aux jugements inconsidérés de son enfance, qu'à sa raison, lorsqu'il est en état de la bien conduire.

[1] Ce sont les vérités de l'ordre naturel, les vérités purement scientifiques dont l'Église n'a point à s'occuper. Pour beaucoup de ces vérités, par exemple pour les vérités mathématiques, l'autorité, dit Pascal, est inutile, la raison seule a lieu d'en connaître. (*De l'autorité en matière de philosophie.*)

FIN

TABLE DES MATIÈRES

PREMIÈRE PARTIE

DES PRINCIPES DE LA CONNAISSANCE HUMAINE

16331. — Tours, impr. Mame.

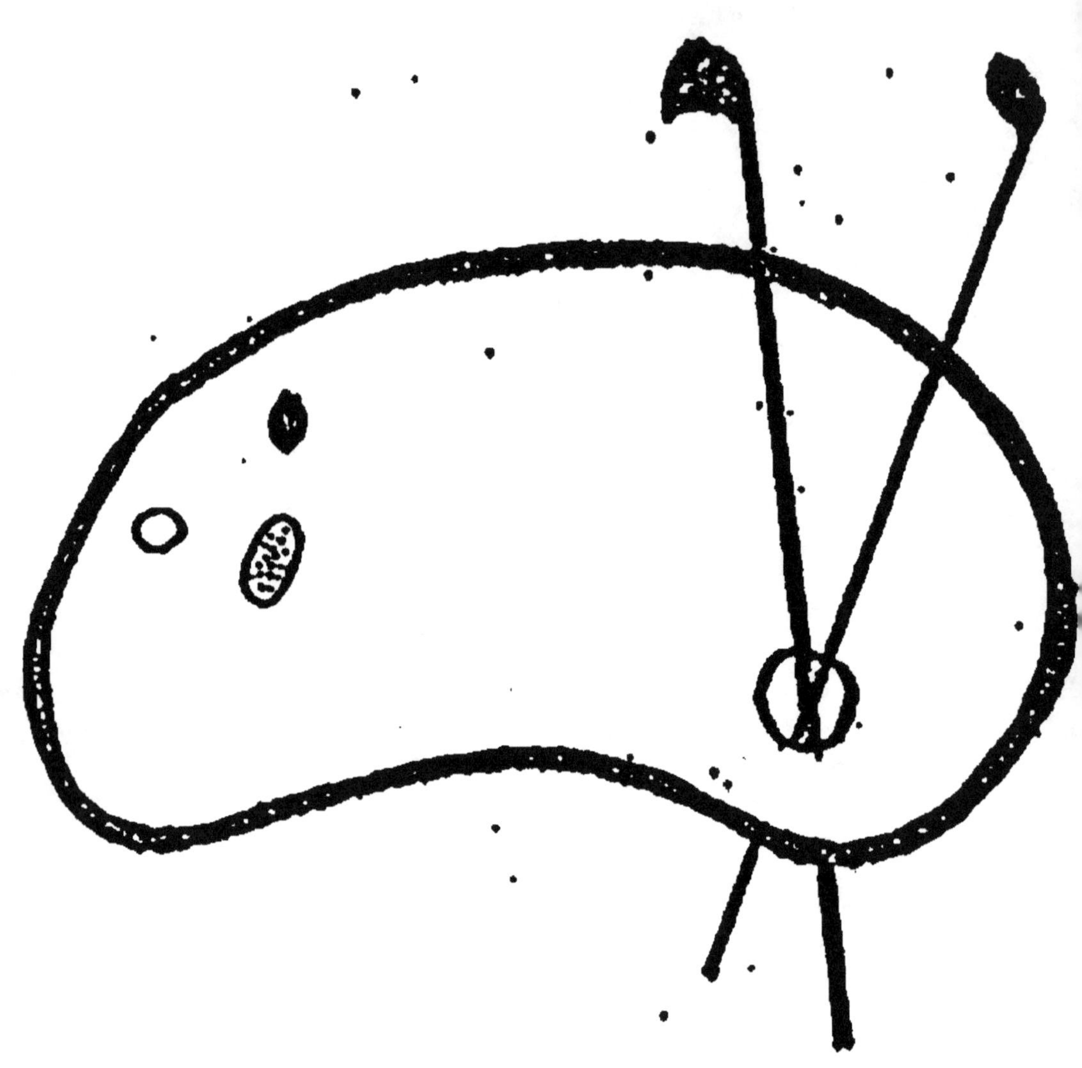

www.ingramcontent.com/pod-product-compliance
Lightning Source LLC
LaVergne TN
LVHW050536100826
845148LV00002B/579

* 9 7 8 2 0 1 2 6 9 7 9 6 6 *